Herbert Schwinghammer

Knaurs Taschenknigge

Für ihn

Herbert Schwinghammer

Knaurs Taschenknigge

Für ihn

Inhalt

Männer von heute

Ein »Benimm-Büchlein« für Männer von heute – muss das sein? Wie zeitgemäß dieses Thema aber ist, beweist auch die lebhafte Diskussion um das Outfit von Politikern und anderen Personen des Zeitgeschehens – zum Beispiel die nachhaltige Wandlung von Joschka Fischer vom Lederjackenträger mit ausgebeulter Hose zum überzeugten Armani-Träger. Erfolg alleine ist eben nicht alles.
Wie man seine Möglichkeiten nutzt – vor allem darauf kommt es an.
Die Regeln der Gesellschaft sind dabei nicht »streng«. Es geht nicht darum, ein kompliziertes Regelwerk zu verinnerlichen und nie mehr einen falschen Satz zu sagen!
Wichtig ist, ein Bewusstsein dafür zu entwickeln, wie man selbst auf andere wirkt. Wir alle geben pausenlos Signale mit Botschaften an die Menschen unserer Umgebung ab. Wer weiß, welche Signale wie wahrgenommen werden, kann vielerlei beinflussen und zu seinen Gunsten steuern: Haltung und Kleidung, aber

auch der Stil, in dem Sie kommunizieren, Ihr Auftreten in der Öffentlichkeit, Ihre Sprache und Wortwahl – all das sind Bausteine, aus denen sich das Bild zusammensetzt, das sich ein Gegenüber von Ihnen macht.

Je kultivierter und beherrschter Sie sind, desto größer sind Ihre Chancen im Leben. Man traut einem Mann, der zuverlässig und solide, gebildet und höflich ist, einfach mehr zu. Man wird Sie als Gast schätzen, Ihre Gastfreundschaft suchen. Ihnen stehen im Beruf bessere Möglichkeiten offen, und andere Menschen werden sich in Ihrer Nähe wohl fühlen.

Ruppigkeit, alles Laute und Angeberische in Auftreten und Kleidung dagegen stößt Menschen eher ab.

Gute Manieren sind noch immer auch ein Kennzeichen der besseren Kreise.

Auf den folgenden Seiten finden Sie deshalb eine nach Kapiteln gegliederte Anleitung fürs gute Miteinander. Wer diese Anregungen richtig nutzt und sich gute Sitten und Manieren zu Eigen macht, der hat die besten Voraussetzungen, die soziale Leiter mit gutem Erfolg zu erklimmen!

Stets gut gekleidet

Will man einen fremden Menschen einschätzen, so begutachtet man seine Kleidung. Teuer und auffällig, dezent und schlicht, modisch-mutig, passend, unpassend etc. Wer einen genauen Blick auf sein Gegenüber wirft, weiß schnell Bescheid. So oberflächlich dies sein mag, es hilft, sich rasch ein erstes Bild zu machen. Denn niemand kann auf den ersten Blick den wahren Charakter, die Vermögenswerte oder die Herzensbildung des anderen erfassen.

Die Kleidung ist Ihre Visitenkarte! Denken Sie daran, wenn Sie sich etwas Neues kaufen oder zweifelnd vor Ihrem Schrank stehen.

Passend zu jeder Gelegenheit

Sie müssen den folgenden Kleidungsregeln nicht in allen Punkten folgen, denn die Mode und damit das, was man tragen kann, ist sehr individuell geworden. Aber das Einhalten der Grundregeln ist wichtig, wenn

Sie mit Ihrem Auftritt Erfolg haben wollen. Obwohl heutzutage der Individualismus so weit gediehen ist, dass prinzipiell jeder anziehen kann, was er will, hat sich bei der Kleidung eine gewisse Etikette entwickelt, die nach wie vor Gültigkeit besitzt.

Offizielle oder private Einladung?

Stärker als der private ist der öffentliche Bereich »reglementiert«. Welche Aufmerksamkeit der Kleidung hier gilt, erkennen Sie daran, dass auf offiziellen Einladungsschreiben in der Regel bereits vermerkt ist, welche Garderobe von den Gastgebern erwünscht ist. Sich als Gast danach zu richten, ist höflich – und es nimmt Ihnen eine Entscheidung ab.

❖ Haben Sie die erforderliche Kleidung nicht im Schrank, dann sollten Sie diese entweder kaufen oder die Einladung absagen. Unpassende Kleidung ist eine grobe Verletzung der Etikette und macht Sie gesellschaftlich zum Verlierer.

❖ Ist bei einer offiziellen Einladung kein Kleidungswunsch vermerkt, schadet es Ihrem Ansehen in keiner Weise, bei den Gastgebern anzurufen. Erkundigen Sie sich nach dem Rahmen des Festes und der passenden Kleidung. Dies ist insbesondere dann anzuraten, wenn Sie in einem Kreis zum ersten Mal eingeladen sind. Niemand kann von Ihnen verlangen, die ungeschriebenen Regeln einer eingeschworenen Gemeinschaft zu erahnen.

❖ Zu einer privaten Einladung gehen Sie natürlich nicht so feierlich gekleidet wie zu einem Festbankett! Unter Freunden ist es eher peinlich, overdressed zu sein. Sauberkeit und Schick sind aber ein Muss – und Jeans mit Rissen oder Flecken absolut »out«.

Zu Partys und kleineren Festen von guten Freunden können Sie natürlich in normaler Freizeitkleidung erscheinen.

Das 1 x 1 korrekter Kleidung

Folgende Grunderwartungen werden in puncto Kleidung automatisch an Sie gestellt – sei es im privaten oder im öffentlichen Bereich:

- Dem neuesten Modetrend sollten Sie nur nachgehen, wenn es der Anlass erlaubt – beispielsweise bei einer Einladung im privaten Kreis.
- Wenn Sie wissen, welcher Typ Sie sind, sollten Sie Ihre Erscheinung durch typgerechte Stoffe, Farben, Stil und Schnitt gezielt betonen: sportlich, klassisch, elegant, unkonventionell ...
- Überlegen Sie sich stets vorher, was zu welchem Anlass passt und welche Menschen Sie treffen.
- Heikel, aber für Ihr Ansehen wichtig: Ihre Kleidung sollte Ihrem Alter und Ihrer Figur entsprechen.
- Eigentlich gehört zu einem Anzug eine Krawatte. Modisch kann zum Anzug ein oben offenes Hemd mit Tuch wirken. Auch ein bis oben geschlossenes Hemd ohne Krawatte oder sogar ein T-Shirt können im privaten Rahmen gut aussehen. Solche Variationen sind im geschäftlichen oder offiziellen Bereich aber tabu!

Checkliste: Häufige Fehler

Sie disqualifizieren sich gesellschaftlich, wenn Sie in puncto Kleidung die folgenden Fehler machen:

- ❖ Sie erscheinen zu einer Einladung ganz unpassend angezogen.
- ❖ Sie sind auffällig gekleidet oder nicht Ihrem Alter gerecht.
- ❖ Ihre Schuhe sind schlecht oder gar nicht geputzt – oder abgetreten.
- ❖ Ihre Kleidung passt nicht zur Tageszeit: Sie tragen Smoking am Tag, obwohl er erst in den Abendstunden erlaubt ist.
- ❖ Sie haben zu Ihrem Abendanzug einen Hosenträger an und/oder braune Schuhe.
- ❖ Beim Sitzen kann man unter der Hose Ihres Abendanzugs Ihre nackten Waden sehen.
- ❖ Zu einem offiziellen Anlass erscheinen Sie in weißen Strümpfen.
- ❖ Ihre Kleidung passt nicht zum Ambiente, in dem das Fest oder der Empfang stattfindet.
- ❖ Sie ziehen Ihre Jacke – vor dem Hausherrn – aus.

❖ Die Fliege gehört nur zu Frack oder Smoking. Wer sie im Alltag zu anderen Outfits kombiniert, muss sich darüber im Klaren sein, dass sie im Alltag zum normalen Anzug oder Jackett reichlich skurril wirkt.

❖ Männern ist das Tragen von Schmuckstücken heute ohne weiteres »erlaubt«. Mit Ringen am Finger, einem Halskettchen (mit oder ohne Anhänger) oder mit einem Brillanten im Ohr machen Sie nichts falsch.

❖ Im privaten Rahmen können Sie an warmen Tagen das Jackett natürlich ausziehen (denken Sie besonders im Sommer an ein gutes Eau de Toilette!).

❖ Zu offiziellen Anlässen müssen Sie die Jacke dagegen anlassen, auch wenn die Temperaturen noch so hoch klettern! Bei nicht ganz offiziellen Anlässen wird der Hausherr den »Jackenzwang« aufheben, indem er seine Jacke auszieht und die anderen ermuntert, Gleiches zu tun.

Gut oder schlecht gekleidet – das ist eine Frage von Farbe und Schnitt. Dunkel und schlicht – so wirkt ein Stück edel.

❖ Wenn Sie Ihre Garderobe in Stil und Farbigkeit mit Ihrer Partnerin abstimmen, verstärkt das Ihren gemeinsamen Auftritt als Paar, das zusammengehört.

So zeigen Sie Stil

Wer sich in der Öffentlichkeit bewegt, macht es sich vor allem vor anderen nicht »bequem«.

- Beim Jackett mit drei Knöpfen ist es korrekt, nur den mittleren Knopf zu schließen.
- Einen doppelreihigen Anzug schließen Sie vollständig und halten die Knöpfe geschlossen – selbst bei längerem Sitzen (beim Kauf auf Weite achten!).
- Der oberste Hemdenknopf bleibt geschlossen.
- Sie öffnen den Hosenbund beim Sitzen nicht, und Sie ziehen das Jacket nie ohne Aufforderung aus.

Korrekte Kleidung können Sie durch eine gepflegte Erscheinung noch unterstreichen.

Wichtige Anlässe von A bis Z

Je aktiver Ihr gesellschaftliches Leben ist, desto öfter werden Sie auf Hochzeiten eingeladen sein, ins Theater gehen oder auf Einladungen glänzen. Abgesehen von den Grundregeln, die für einen Mann mit Stil und Klasse die selbstverständliche Basis des Erscheinens in Gesellschaft und Öffentlichkeit sein sollten, gibt es zusätzlich große und feierliche Anlässe. Sie verlangen nach einem Mehr an Einsatz und Garderobe.

Abendeinladung, offiziell

Feierlichkeiten in den Abendstunden sind immer etwas Besonderes. Je nachdem, ob Sie zu einem Abendessen, zu einer Cocktailparty oder auf einen Empfang eingeladen sind, variiert die optimale Kleidung dementsprechend um ein Thema.

- Wählen Sie den dunklen Anzug oder Smoking als Basis, und kombinieren Sie ihn je nach Anlass mit dem passenden Hemd, Krawatte und Einstecktuch.
- Klassisch sind dazu weißes Hemd und dezente Krawatte. Farbige Kombinationen wirken individueller.

Bankett oder Ball

Zum festlichen Bankett oder für eine rauschende Ballnacht sollten Sie alle Register ziehen, die Sie in puncto Kleidung zur Verfügung haben. Sie sollten zu diesen seltenen Gelegenheiten also in jedem Fall zu Smoking, Cut, Stresemann, Frack oder zumindest dunklem Anzug greifen (→ Seite 20). So passen Sie perfekt zu den Damen, die zu diesen schönen Gelegenheiten natürlich ebenso ihre prächtigste Garderobe zeigen.

Ein Tipp: Frauen tanzen in der Regel für ihr Leben gerne – Männer weniger. Überwinden Sie sich, und Sie werden reich belohnt.

Sie werden also den ganzen Abend von Damen in langen Abendkleidern umgeben sein, die ihren besten Schmuck tragen und sich umso mehr über Ihre Komplimente freuen, je aufrichtiger sie gemeint sind.

Empfang und Mittagessen

Zu einem Empfang (beruflich oder privat) untertags, zu einem Mittagessen oder Kaffeetrinken im festlichen Rahmen erscheint der Herr im dunklen Anzug.

Natürlich ist das Outfit wichtig, aber noch wichtiger ist Ihr Benehmen. Aufmerksamkeit und gute Laune kommen immer an.

Der schönste Tag im Leben sollte perfekt vorbereitet sein, damit Sie ihn unbeschwert genießen können.

Hochzeiten

Der »Dresscode« für Hochzeiten ist rasch auf einen Nenner gebracht: Kein Gast sollte eleganter und auffälliger gekleidet sein als Braut oder Bräutigam!

- Der Bräutigam wird einen schwarzen Anzug, Stresemann, Cut oder Frack tragen – aber keinen Smoking, weil der vor 19.00 Uhr noch nicht in die Öffentlichkeit gehört.
- Die Herren werden also im schwarzen oder dunklen Anzug erscheinen. Ob eine schicke, edle Kombination – mit Rolli – ausreichend ist, müssen Sie klären.

Theaterbesuch

Ein gesellschaftliches Topereignis ist die Gala-Opernpremiere! Sie erscheinen mit Frack; im Winter mit schwarzem Mantel und weißem Seidenschal.

❖ Übrigens: Zur »normalen« Premiere geht der Herr im Smoking oder im dunklen Anzug.

Je avantgardistischer das Theater ist, desto wahrscheinlicher ist es, dass die anderen Herren nicht im dunklen Anzug kommen. Kombinationen sind immer gut.

Trauerfeier

In Europa ist die Trauerfarbe Schwarz. Gehen Sie deshalb zu Beerdigungen und Trauerfeiern von Kopf bis Fuß überwiegend oder ganz in schlichtem Schwarz.

❖ Wählen Sie einen schwarzen oder zumindest dunklen Anzug mit einer schwarzen Krawatte. Dazu schwarze Strümpfe und schwarze Schuhe kombinieren. Auch wenn es heute schwarze Hemden zu kaufen gibt, sollten Sie ein weißes Hemd zur schwarzen Bekleidung tragen.

❖ Ein heller Mantel über der schwarzen Trauerkleidung ist unpassend. Für solche Anlässe in der kalten

Festbekleidung von A bis Z

Cut (Cutaway): schwarzgrau gestreifte Hose, Jackett mit abgerundeten Schwalbenschwänzen, weißes Hemd, graue Weste und graue Krawatte
Frack (auch großer Gesellschaftsanzug genannt): schwarze Hose mit Doppelstreifen, schwarzes, kurz tailliertes Jackett mit hinterem knielangem Schwalbenschwanz, Frackhemd, Pikeeweste, weiße Frackschleife, Manschettenknöpfe und schwarzer Zylinder
Smoking (auch kleiner Gesellschaftsanzug genannt): Hose mit aufgesetzten Längsstreifen, schwarze Jacke mit Schalkragen oder Revers aus Seide, »Kummerband« und weißes Hemd, dazu Schleife oder Fliege
Stresemann: schwarzgrau gestreifte Hose, schwarzes Jackett, weißes Hemd, graue Weste, silbergraue Krawatte und Krawattennadel

Das Ambiente vieler großer Theater verlangt bei Opernbesuchen während der normalen Spielzeit, sich entsprechend zu kleiden: Die Krawatte, aber auch die Fliege, zusammen mit Anzug sind für Herren selbstverständlich. Zu lässige Kleidung oder auch das Geschäftskostüm zwischen barockem Stuck und Kristallleuchtern könnte unangenehm auffallen.

Jahreszeit sollten Sie einen Mantel in Schwarz, Anthrazit oder dunklem Grau im Schrank haben.

❖ Vermeiden Sie schwarze topmodische Kleidung, weil sie für den Anlass nicht schlicht genug ist.

❖ Bleibt Ihnen nichts anderes übrig, als in normaler Kleidung zu den Trauerfeierlichkeiten zu erscheinen, dann können Sie am linken Arm über der Jacke oder dem Mantel einen schwarzen Trauerflor tragen.

Die Kleidung im Beruf

Woran kann man Chef und Auszubildenden auf einen Blick unterscheiden? Sagen Sie jetzt nicht: »An Alter und Ausstrahlung!«

Nein, im Beruf setzen Kleidung und die Fähigkeit, sie richtig zu tragen, die wesentlichen Signale.

Der »business suit«

Unter einem korrekten »business suit« stellt man sich fast auf der ganzen Welt das gleiche Outfit vor.

❖ Man trägt einen gedeckten Anzug, der nicht zu modisch geschnitten sein sollte. Denn der Stil eines

»business suit« ändert sich, unbeeindruckt von der Mode, im Laufe der Jahre nur in kleinen Details.

❖ Edel und repräsentativ sind die beiden Farben Dunkelgrau und Dunkelblau für den Anzug.

❖ Ein weißes oder hellblaues Oberhemd mit Kragen und Manschetten ist Teil der internationalen »Uniform«.

❖ Eine Krawatte in unauffälligem Muster rundet die perfekte Erscheinung ab.

❖ Für manche Männer gehört das Einstecktuch, passend zur Krawatte, zu einem korrekten Äußeren.

Links sind Schuhe und Socken korrekt. Rechts zeigt sich der Herr nicht von seiner besten Seite.

- Die langen Socken sollten in einer dunklen Farbe ohne Muster gehalten sein und natürlich zur Farbe des Anzugs passen.
- Auch die Schuhe müssen zum Anzug passen – sie sind in der Regel von schwarzer Farbe und auf Hochglanz poliert!
- Das Stofftaschentuch, auch wenn es gegenüber den Papiertaschentüchern etwas unhygienisch ist, wird im Allgemeinen noch immer als Teil der Herrenausstattung betrachtet.
- Grundsätzlich: Kleidung wirkt umso vornehmer, je dezenter die Farben gewählt sind. Die besten Grundtöne sind Grau und Dunkelblau.

Was anziehen zum Vorstellungsgespräch?

Halten Sie sich an die internationalen Regeln des »business suit«, wenn Sie sich für eine Führungsposition bewerben (→ Seite 66).

- Sie sollten auch ansehnlich gekleidet sein, wenn Sie sich für eine gewerbliche Stelle bewerben – also eine Kombination mit Krawatte anziehen.

❖ In manchen Branchen scheint das Äußere auf einen legeren Umgang mit dem Beruf hinzudeuten, was bei kreativen Berufen mit mehr Freiheit zur Individualität zu erklären ist. Lassen Sie sich jedoch nicht täuschen! Gerade in diesen Berufen haben Menschen ein scharfes Auge. Treten Sie also in Ihrem eigenen Interesse nicht in billiger Kleidung auf!

Wer seinen Status im Beruf zeigen will, der sollte lieber teuer einkaufen. Suchen Sie ein Geschäft, in dem Sie immer gut beraten werden.

❖ Für kaufmännische Berufe und leitende Positionen gilt, dass Sie zur Vorstellung das tragen, was Sie im beruflichen Alltag anziehen.

Der »lockere Freitag«

In einigen großen Firmen hat sich eine amerikanische Sitte eingebürgert. Am »casual friday« erscheinen Chef und Mitarbeiter in legerer Freizeitkleidung im Büro. Wenn Sie dieses Spiel mitmachen, denken Sie bitte daran, nicht in bequemer Hauskleidung zu erscheinen! Damit disqualifiziert man sich. Tragen Sie Blazer und Jeans oder Polohemd und Lederjacke.

Checkliste: Korrekte Kleidung

Zu Hause

- Ist die Kleidung passend zur Tageszeit?
- Sind die Schuhe frisch geputzt?
- Passt die Krawatte zu Hemd und Jacke bzw. zum Anzug, und sitzt sie korrekt?
- Ist das Hemd gut gebügelt – besonders der Kragen?
- Sind alle Knöpfe vorhanden und geschlossen – gegebenenfalls auch die Kragenknöpfe?
- Ist der Hosensaum in Ordnung?
- Passt die Kleidung zu der Partnerin?

An Ort und Stelle

Vor einem Spiegel in Aufzug, Foyer, Toilette (ersatzweise auch vor Autofenster, Schaufenster etc.)

- Sitzt die Krawatte noch richtig?
- Haben die Schuhe auf dem Weg Flecken oder eine Staubauflage bekommen?
- Liegt die Frisur perfekt?
- Sind alle Reißverschlüsse und alle notwendigen Knöpfe geschlossen?

Kommunikation mit Stil

In den letzten zehn Jahren hat sich die Welt der Kommunikation drastisch verändert. Es konnten sich Kommunikationsmittel durchsetzen, an die man noch wenige Jahre vorher nicht einmal gedacht hätte. Sie haben zwar den Anteil des klassischen Briefs, privat wie geschäftlich, eingeschränkt – aber es gibt ihn immer noch.

Briefe schreiben und Tagebücher führen, ist Teil der Persönlichkeitsbildung. Vernachlässigen Sie es trotz Computer nicht.

Briefe

Gerade weil man heute viele Dinge rasch per Mail oder Fax klären kann, hat der Brief, der »richtig« mit der Post verschickt wird, neue Wertigkeit erhalten, die in den kommenden Jahren noch ansteigen wird. Da ist zum einen der juristische Aspekt, wenn Dokumente und Schreiben mit rechtsverbindlicher, handgeschriebener Unterschrift zum Empfänger kommen. Zudem haben Briefe repräsentativen Charakter.

Der Geschäftsbrief

Ein guter Brief verursacht immer Mühe, denn man muss sich auf jedes Wort konzentrieren, damit er genau das aussagt, was man beabsichtigt.

❖ Bemühen Sie sich um einen guten, sachlichen und verständlichen Schreibstil.

❖ Heben Sie Briefe, die Sie schreiben, auf – man kann dann bei sich selbst »abschreiben«.

Auch bei einem Brief gilt nur die handgeschriebene Unterschrift auf einem Original als juristisch verbindlich.

❖ Wenn Sie ein Unternehmen, eine Institution oder eine Behörde anschreiben, aber keine persönlichen Ansprechpartner kennen, dann schreiben Sie in der Anrede »Sehr geehrte Damen und Herren,« mit einem Komma.

Beim Betreff lassen Sie das Wort »Betreff« weg und setzen ihn linksbündig über die Anrede.

❖ Schreiben Sie der Wahrheit gemäß nicht »Wir würden uns freuen, ...«, sondern lieber »Wir freuen uns auf Ihre Reaktion«.

❖ Der Gruß am Endes des Briefs heißt heute nicht mehr »Mit vorzüglicher Hochachtung« oder »Hochachtungsvoll«, sondern »Mit freundlichen Grüßen«. Bei besser bekannten Geschäftspartnern kann man auch »Mit besten Grüßen« schließen.

❖ Abkürzungen wie »mfg« sind ungebräuchlich, außer in der Anschrift für »zu Händen« als »z. Hd.« oder beim Titel, wie z. B. »Prof.« oder »Dr.«.

❖ Schreiben Sie Briefe auf dem Computer immer linksbündig; Blocksatz ist schwerer zu lesen.

❖ Wenn Sie Ihr Logo rechts auf den Briefkopf setzen, findet man Ihre Schreiben schneller im Ordner.

Private Briefe

Wollen Sie einen privaten Brief an ein Unternehmen, an eine Institution oder an eine Behörde senden, dann sollten Sie mit Ihrem Brief einen guten Eindruck machen.

Auch an Menschen, die Sie privat erst vor kurzem kennen gelernt haben, sollten Sie möglichst formvollendete Briefe schreiben.

❖ Ein Brief wirkt »gekonnter«, wenn Sie die übliche Briefform anwenden. Schreiben Sie Ihren Absender links im oberen Drittel des Blattes als Block an den Rand: Vornamen und Namen, darunter die Straße. In der letzten Zeile stehen Postleitzahl und Ort. Das Datum setzen Sie in diesem Fall rechts außen auf die Höhe Ihres Namens.

Tragen Adelige ein »zu« oder »von« in ihrem Namen, ist es grob unhöflich, den Zusatz in der Anrede oder in der Anschrift zu unterschlagen.

❖ Den ersten Eindruck vermittelt der Briefumschlag. Schreiben Sie ihn fehlerfrei und in »Schönschrift«.

❖ Die Farbe des Umschlagpapiers sollte mit der des Briefbogens übereinstimmen. Das Papier muss gute

Qualität haben. Kein Papier verwenden mit Flecken, Rissen, Falten, Knicken, »Eselsohren« und Ähnlichem!

❖ Briefe an Unternehmen, Institutionen oder Behörden schreiben Sie mit Schreibmaschine oder Computer. Briefe an Verwandte und Freunde schreibt man besser per Hand. Übrigens, es heißt: »Frau Präsidentin« bzw. »Frau Oberbürgermeisterin«.

❖ Bei handschriftlichen Briefen sollten Sie sich jeden Satz vorher genau überlegen, um Verbesserungen möglichst zu vermeiden. Am besten den Brief vorformulieren und ihn dann in Reinschrift bringen.

So ist der Briefkopf korrekt. Darunter steht links mit etwa zwei Zeilen Abstand die Anschrift des Adressaten.

- Menschen, die Ihnen vertraut sind, die Sie aber nicht duzen, können Sie mit »Lieber Herr ...,« oder »Liebe Frau ...,« im Brief anreden. Unter Verwandten und Freunden ist die Anrede »Lieber Anton,« angebracht, während »Liebste Daniela,« eine deutliche Stufe vertrauter erscheint.
- Keinesfalls diskriminierende Anschriften verwenden wie »Herr Edgar Müller und Frau« oder gar »Herrn und Frau Edgar Müller«!

Rasche Kommunikation

Wer ein Telefon, Handy, Fax und einen E-Mail-Anschluss hat, ist praktisch immer erreichbar – und wird auch kräftig mit Nachrichten, Infos oder Werbung bombardiert.

Das Handy

Das Handy kann zwar möglicherweise Leben retten, und es kann im Berufsleben, wenn es um schnelle Informationsübermittlung geht, entscheidend von Vorteil sein. Dem stehen aber eine ganze Reihe von

Nachteilen gegenüber, die allesamt durch die unsensible Nutzung des Handys verursacht werden.

- Wenn Sie Ihr Handy überallhin mitnehmen, dann stellen Sie es dort, wo das Signal störend wirken könnte, entweder auf die Stumm- oder Vibrierfunktion ein, oder stellen Sie es ganz ab. Dies gilt vor allem für Vorträge, Theatervorstellungen und Konzertsäle (Mailbox einschalten!).

Interessanter Unterschied: Frauen versuchen meist, möglichst unauffällig mit dem Handy zu telefonieren.

- Werden Sie in einem Restaurant angerufen, dann gehen Sie zum Telefonieren am besten in einen anderen Raum, in den Eingangsbereich oder auf die Straße.
- In öffentlichen Verkehrsmitteln (in Bus, Straßenbahn, U-Bahn, Flugzeug – nicht aber in den Waggons eines Zuges) ist das Handy verboten, weil vermutet wird, dass die Funkwellen die Fahrzeugelektronik beeinflussen. Im Zug ist es den anderen gegenüber rücksichtsvoll, wenn Sie nicht im Abteil telefonieren.

Übrigens: Alle Punkte gelten auch, wenn Sie mit dem Handy ein SMS senden oder empfangen wollen!

Telefonieren zu Hause

Es hat sich eingebürgert, jedermann zu jeder Tageszeit zu Hause anzurufen. Das ist aber kein Grund, sich tyrannisieren zu lassen. Niemand hat ein Anrecht darauf, dass andere immer ans Telefon gehen.

Diese fünf Regeln machen den rücksichtsvollen Anrufer aus:

- Rufen Sie nicht nach 22 Uhr an, denn Sie könnten bereits den Schlaf stören. Und halten Sie die Mittagspause von 12 bis 15 Uhr ein, vor allem dann, wenn Kleinkinder im Haus sind.
- Zwischen 18 und 20 Uhr wird in vielen Familien zu Abend gegessen, wobei Sie besser nicht stören sollten.
- Melden Sie sich immer mit Ihrem Namen und einer passenden Begrüßung.
- Ist der gewünschte Gesprächspartner nicht direkt am Apparat, so entschuldigen Sie sich kurz für die Störung und fragen, ob man ihn sprechen kann.
- Haben Sie sich verwählt, so sollten Sie sich mit ein paar netten Worten für die Störung entschuldigen.

Halten Sie sich am Telefon kurz, vor allem bei Ferngesprächen.

Auch Angerufene sollten Höflichkeit walten lassen.

❖ Kommt ein Anruf gerade unpassend, dann bieten Sie einen späteren Rückruf an.

❖ Melden auch Sie sich mit Ihrem Namen. Nichts ist schlimmer, als ein »Hallo?« zu hören und erst nachfragen zu müssen, mit wem man spricht.

❖ Ein sinnvolles Mittel, Telefonanrufe zu kanalisieren, ist ein Anrufbeantworter.

Das berufliche Telefonat

So genannte Callcenter werden in der letzten Zeit zu immer wichtigeren Instrumenten des Kundenservice, denn sie nutzen die folgenden Regeln:

❖ Vermitteln Sie jedem Anrufer den Eindruck, als wäre er der erste Anrufer am Tag und Ihnen sehr willkommen.

Lächeln Sie, das gibt Ihrer Stimme einen positiven Klang.

❖ Als Anrufender sollten Sie sich auf ein geschäftliches Telefongespräch gut vorbereiten. Legen Sie sich den Vorgang zurecht, überlegen Sie, was man möglicherweise von Ihnen an Daten wissen möchte, und tragen Sie dann Ihr Anliegen möglichst kurz und verständlich vor.

Der Spaß am Handy bleibt umso länger erhalten, je weniger man von ewig anklingelnden Anrufern belästigt wird.

- Wenn Sie ein Anrufer erreicht, dessen Anliegen den Arbeitsbereich eines anderen Kollegen betrifft, dann stellen Sie ihn intern durch. Lassen Sie den Anrufenden nicht – versehen mit einer anderen Durchwahlnummer – noch einmal neu anwählen.
- Wer beruflich viel telefonieren muss, kann sich zu einem Kurs anmelden. Es gibt auch Kurse auf CD-ROM, mit denen man lernt, professioneller zu sein und Routine im Umgang mit Anrufern zu entwickeln. Halten Sie wichtige Entscheidungen und Absprachen immer schriftlich fest (Datum/Gesprächspartner).

Das Telefax

Sie können alles »faxen«, was Sie vorher geschrieben, gezeichnet, gedruckt, gemalt, fotokopiert oder aus der Zeitung ausgeschnitten haben.

❖ Weil der Empfänger nicht wissen kann, ob die bei ihm angekommenen Seiten auch der gesendeten Anzahl entsprechen, sollte auf einem Anschreiben oder auf der Seite 1 die Zahl der gesendeten Seiten angegeben werden.

Auf dem Anschreiben vorne immer die Seitenanzahl angeben!

❖ Achten Sie darauf, dass der Kopf des Telefaxes sinnvoll programmiert wurde. Im Kopf stehen meistens vier Daten: der Name der Firma, die Faxnummer, das Sendedatum und die Uhrzeit. Soll das Fax an einen bestimmten Mitarbeiter in einer Firma oder Behörde gerichtet werden, muss dessen Name groß und deutlich lesbar sein.

❖ Keine vertraulichen Mitteilungen faxen, wenn nicht sichergestellt ist, dass ausschließlich der Empfänger Zugang zum Gerät hat!

❖ Geht das Fax an eine Behörde, berücksichtigen Sie die gleichen Dinge wie im beruflichen Bereich.

Die E-Mail

Eine E-Mail besteht aus einer meist kurzen Mail-Nachricht und eventuell einer »angehängten« Computerdatei (attachment). Diese Dateien können mit gleichen oder ähnlichen Programmen, mit denen sie erstellt wurden, geöffnet und bearbeitet werden.

❖ E-Mails können nur mit einem Computer gesendet oder empfangen werden, der an das Internet angeschlossen ist.

❖ Sie können E-Mails auch auf Internetseiten versenden, wenn dort eine Adresse angegeben ist.

Obwohl E-Mails wesentlich lockerer formuliert werden als offizielle Schreiben, sollte doch Zeit für Höflichkeit sein.

❖ Mit einer E-Mail können Sie Hunderte von Textseiten in wenigen Minuten übertragen. Das Versenden von Bild- oder Grafikdateien dauert aufgrund der größeren Datenmenge länger.

Chatten im Internet

Das Internet hat sich in den letzten Jahren zum globalen Informationspool Nummer 1 entwickelt. Doch das ist nicht alles. Sie können über diese Kommunikationsform praktisch mit Leuten aus aller Welt (schriftlich) plaudern, die sich gerade im entsprechenden Raum (Chatroom) befinden.

Wenn Sie die Adresse einer Seite kennen, können Sie mühelos darauf zurückgreifen. Ohne Adresse helfen Suchmaschinen.

Diese Räume sind meist nach Themen geordnet oder stehen unter einem bestimmten Motto. Eine erste Auswahl finden Sie auf den Seiten Ihres Internet-Providers.

❖ Sie geben beim Chatten weder Name noch Telefonnummer an, sondern Sie denken sich zu diesem Zweck einen beliebigen Namen (Nickname) aus – dieser Name wird jeder Äußerung hinzugefügt.

❖ Im Normalfall kann jeder, der sich gerade in einem Chatroom befindet, auf seinem Bildschirm alles mitlesen, was von den anderen geschrieben wird. Deshalb hat man eine Funktion eingerichtet, die es ermöglicht, geheim miteinander zu »flüstern«.

❖ Wollen Sie also mit jemandem alleine sprechen, ist »Flüstern« angesagt, eine technische Funktion, durch die ein Gespräch zu einem Dialog unter zwei Personen wird.

❖ In so genannten Event-Chats können Sie mit Prominenten zu bestimmten Ereignissen kommunizieren, wobei ein Moderator ordnend die Fäden in der Hand hält.

In den USA ist der Papierverbrauch seit der Einführung der E-Mails gestiegen!

❖ Wahren Sie beim »Chatten« unbedingt die Höflichkeitsregeln, auch wenn Sie durch den Nicknamen keiner erkennt.

❖ Ein Chatroom, der an die Seite eines Vereins, einer Institution oder ähnlicher Organisationen angeschlossen ist, stellt ebenfalls keinen benimmfreien Raum dar. Auch hier sind gegenüber den Verantwortlichen die Höflichkeitsregeln zu befolgen.

Checkliste: Gute Kommunikation

Das Handy

- Wissen Sie, wie Sie Ihr Handy auf »Stumm« oder »Vibrieren« einstellen?
- Haben Sie schon einmal geübt, wie Sie Ihr Handy am schnellsten zum Schweigen bringen?

Das Telefonieren

- Kennen Sie die Zeiten, in denen Sie jedermann problemlos anrufen können?
- Ist Ihnen bewusst, dass der Angerufene ein Recht auf seine Intimsphäre hat und auch einmal nicht ans Telefon zu gehen braucht?
- Haben Sie schon einmal mit einem Aufnahmegerät überprüft, wie Ihre eigene Stimme am Telefon für andere klingt?

Das Fax

- Ist die Kopfzeile richtig programmiert?
- Ist es sicher, dass nur der Empfänger ans Fax geht, dem Sie einen vertraulichen Brief schreiben?

E-Mail/Internet

- Hat der Empfänger die Programme, die er braucht, um Ihre angehängten Dateien zu öffnen?
- Haben Sie nützliche Internet-Adressen gesammelt und diese für einen schnellen Zugriff als »Bookmark« gespeichert?
- Haben Sie sich schon einmal intensiv mit Suchmaschinen und ihrer Systematik befasst?
- Kennen Sie gute »Chatrooms«, die für Sie nützlich werden könnten?
- Haben Sie sich schon einen Namen (Nickname) ausgedacht, mit dem Sie chatten wollen?

Der Brief

- Wissen Sie, dass nur handgeschriebene Unterschriften auf dem Original juristischen Bestand haben?
- Kennen Sie die Regeln der Rechtschreibung?
- Wissen Sie, wie der Kopf mit Ihrer Adresse, die Anschrift und die Anrede auf dem Briefkopf aussehen sollten?
- Haben Sie den Umschlag korrekt beschriftet und auch frankiert?

Die Kunst der Konversation

So wichtig die schriftliche Kommunikation auch sein mag – erst ein Gespräch ermöglicht den direkten Kontakt von Mensch zu Mensch. Das gute Gespräch, die Konversation, ist deshalb die wichtigste Kommunikationsform. Es ist nicht übertrieben, in diesem Zusammenhang von Kunst zu reden, da ein wacher Verstand, eine geübte Sprachgewandtheit und eine gute Technik des Sprechens dazugehören.

Die hohe Schule der Sprache

Sich mit jemandem zu unterhalten, ist für den einen ein »Kinderspiel«, für den anderen aber harte »Arbeit«. Denn es geht nicht darum, einfach draufloszureden. Sich intelligent und in einer gepflegten Sprache auszudrücken, ist gefragt.

❖ Wer öfter in der Öffentlichkeit spricht, sollte sich im Klaren sein, dass man ihn umso besser versteht, je mehr er an Sprache, Atemtechnik, Lautstärke, Tonfall, Klangfarbe und Sprechgeschwindigkeit arbeitet; auch Gestik und Dialekt spielen eine große Rolle.

Immer deutlich sprechen!

Wer so sprechen möchte, dass man ihn gut versteht, muss als Erstes lernen, jedes Wort richtig zu artikulieren. Das heißt auf den Punkt gebracht: Nuscheln Sie nicht!

❖ Wer zwischen den Wörtern winzige Pausen macht, damit sich die Endung des einen Wortes nicht in die Anfangssilbe des anderen mischt, hat schon viel gewonnen. So sind alle Wortendungen klar zu verstehen.

Schauspielunterricht und Sprechunterricht sind Möglichkeiten, bessere Aussprache zu erlernen.

❖ Sprechen Sie nicht zu schnell, sonst geht die Verständlichkeit in der Wortmitte verloren.

❖ Harte und weiche Konsonanten sollten beim Sprechen unterschieden werden können.

❖ Eine Sprechausbildung oder eine stimmbildnerische Arbeit sind für Menschen, die viel sprechen oder häufig vortragen, eine große Hilfe.

❖ Ihre Lautstärke so bemessen, dass jeder Anwesende Sie ohne Anstrengung verstehen kann. Und nicht ins andere Extrem verfallen und zu laut werden!

Die Gestik nicht vergessen

Mit Körpersprache können Sie Ihre Worte eindrucksvoll unterstützen – oder Ihren eigenen Vortrag nachhaltig ruinieren.

- Vor allem dürfen Sie die an sich sinnvolle Gestik nicht übertreiben. Es nützt nichts, wenn Sie den Hampelmann spielen.
- Eine bewährte Hilfe, um das eigene Mienenspiel besser einschätzen zu können, ist es, eine Rede vor einem Spiegel oder vor einer Videokamera zu halten.
- Kontrollieren Sie auch Ihre Hand- und Armbewegungen, weil ein Überziehen dieser Gesten leicht aggressiv wirken kann (nicht mit dem Finger zeigen!).
- Klammern Sie sich bei einer Rede nicht ans Rednerpult und vor allem: Schauen Sie nicht pausenlos ins Manuskript. Es macht einen wesentlich besseren Eindruck, wenn Sie auch mit Blicken Kontakt zum Publikum suchen.
- Gehören Sie zu den begnadeten Rednern, die völlig frei sprechen, dann fixieren Sie das Publikum ab und zu. Nehmen Sie jeden einzelnen Zuhörer »aufs Korn«, als würden Sie ihn persönlich ansprechen.

Die Gesten oben signalisieren: 1 Konzentration, 2 Verschlossenheit, 3 Irritation/Nachdenklichkeit, 4 Herausforderung.

Nicht drauflosreden

Die beste Artikulation, ein geistvoller Inhalt und alles andere, was zum guten Reden gehört, sind dann verschwendet, wenn die Zuhörer einen wahren Wortschwall über sich ergehen lassen müssen.

❖ Bremsen Sie sich beim Reden, um anderen auch eine Chance zum Redebeitrag zu geben. Den besten Eindruck hinterlässt, wer anderen gut zuhören kann.

Verbale Attacken

Mehr noch als viele Worte wirken verbale Attacken negativ auf jeden Zuhörer.

Übrigens: Stecken Sie niemals beide Hände in die Hosentaschen, wenn Sie eine Rede halten oder zu anderen sprechen!

❖ Im privaten Streitgespräch gibt es keine Regeln, denn Ärger, Verletztheit und Frust müssen ein Ablassventil finden – und meistens sind es wütende Beschimpfungen. Hüten Sie sich nur davor, dies zu tragisch zu nehmen.

❖ Die diskriminierende Einstellung zu Frauen spiegelt sich in der Sprache wider: »Weiber, Tussi, Schnalle« usw. sind Begriffe, die Sie besser vergessen.

- Vermeiden Sie politische und gesellschaftliche Diskriminierung. Wer »Neger« statt »Schwarzer« sagt und von anderen als »Kanaken«, »Barackler«, »Proleten« oder Ähnlichem spricht, wirkt hilflos und zeigt mangelndes Begreifen von Zusammenhängen.

Small Talk

Gefürchtet von den einen, geliebt und perfektioniert von den anderen ist der Small Talk, das »kleine Gespräch«, das Herzstück des Gesellschaftslebens. Die Kunst, auf Partys und Festen zu »überleben«, besteht darin, Gesprächspartner zu finden, zu denen man »einen Draht hat«, über die ein anregendes Gespräch stattfinden kann. Entsprechend leicht oder schwer ist es dann, ein Gespräch interessant zu gestalten.

Was tun, wenn's schwierig wird?

Sehr schwierig wird es, wenn jemand mit Ihnen den Small Talk zwar versucht, aber nun nicht mehr weiter weiß. Dieses Schweigen ist dann für beide peinlich.

- Sie können das Gespräch ganz höflich beenden, indem Sie sich entschuldigen, um Freunde zu begrüßen oder um Getränke beziehungsweise Essen holen zu gehen.
- Oder: Sie versuchen, das Gespräch wieder in Gang zu bringen, indem Sie eine unverfängliche Frage über die Party stellen. Kommt trotz aller Bemühungen kein Gespräch mehr voran, weil beide Gesprächspartner keine gemeinsamen Themen finden, dann beenden Sie das Gespräch taktvoll – es könnten ja interessantere Menschen auf dieser Party anwesend sein.

Es ist stillos, über gemeinsame Bekannte zu tratschen.

Die Gesprächsinitiative ergreifen

Ein Gespräch muss keineswegs mit einer Frage beginnen oder irgendetwas mit der aktuellen Einladung zu tun haben.

Wenden Sie sich einfach einem der Umstehenden zu, und starten Sie das Gespräch mit einer Bemerkung über eines der Themen, auf das Sie sich zu Hause vorbereitet haben (→ Themenhitliste, Seite 50).

Signale wie verschränkte Arme, hochgezogene Schultern, Rückwärtsneigung zeigen, dass der Small Talk zu weit geht.

- Heutzutage warten Frauen meist nicht mehr schüchtern, bis sie angesprochen werden. Kommt also eine Frau auf Sie zu, um ein Gespräch zu beginnen, ist das in der Regel nicht gleich ein Annäherungsversuch.
- Beim Small Talk können Sie mit Ihren Antworten sehr gut steuern, ob und wie die Themen vertieft werden. Ist Ihnen ein Thema nicht angenehm oder wollen Sie über etwas nicht sprechen, dürfen Sie das auch zum Ausdruck bringen. Sie gehen einfach nicht weiter darauf ein und schneiden ein neues Thema an.

Vorsicht vor Komplimenten

Manchen Menschen fällt es leicht, anderen Komplimente zu machen. Meister in dieser Kunst planen Komplimente nicht, sondern sagen spontan, wenn sie von etwas beeindruckt sind. Damit lösen sie echte Freude aus. Wer dies nicht kann, sollte besser nicht versuchen, sich Sympathien durch Komplimente zu erwerben. Er bewirkt meist das Gegenteil dessen, was er erreichen wollte. Lassen Sie vor allem das Alter aus dem Spiel – das Gespräch könnte ziemlich unangenehm werden. Auch Komplimente über die Figur einer Dame haben ihre Tücken!

Beim Sprechen im Stehen beugt man sich automatisch zum Gegenüber. Achten Sie aber die Intimsphäre Ihres Gegenübers.

Themenhitliste

So genannte leichte Themen, die von allen verstanden, aber jederzeit vertieft werden können, schließen die kommunikative Tür meist problemlos auf.
Überlegen Sie sich zu Hause ein paar Themen, über die Sie etwas wissen oder die gerade aktuell sind.

- Sportereignisse sind unter Männern fast immer ein beliebtes Thema. Sie wissen dann selbst am besten, dass man sich tunlichst nicht mit einem Fan der gegnerischen Fußball- oder Eishockeymannschaft streitet, wenn man eigentlich wichtige Geschäfte mit ihm machen will.
- Kultur: Frauen sind eher für Themen aus dem kulturellen Bereich empfänglich. Eine gute Bemerkung über den neuen Bestseller oder den Kinohit der Saison, ein Hinweis, dass Sie die neue, interessante Ausstellung schon gesehen haben oder in einem Konzert waren, sichert Ihnen sofort Aufmerksamkeit.
- Trends: eine witzige Modeidee, eine gelungene Werbekampagne, Auto- oder Möbeldesign ... die Auswahl ist riesig.
- Zeitgeschehen: Hier ist Vorsicht geboten, wenn Sie politische Interessen berühren.
- Aktueller Lifestyle ist vielleicht das beste aller Gebiete: Rezepte, Küchentrends, Wellnesshotels ...

Wenn Sie Ihren Gesprächspartner einmal nicht verstanden haben, sagen Sie ihm das bitte höflich.

Nicht ins Fettnäpfchen treten

Sprechen Sie keine Themen an, über die man in Streit geraten könnte (z. B. Politik).

❖ Nicht über die eigene finanzielle Situation sprechen – und auch nicht nach der des Gesprächspartners fragen.

❖ Nie über die eigenen Krankheiten reden und auch nicht nach dem Gesundheitszustand anderer fragen.

❖ Nicht den Alleinunterhalter spielen – den anderen zu Wort kommen lassen.

Ganz »out« sind momentan Witze. Wer (geschmacklose) Witze liebt, halte sich zurück!

❖ Nicht mit Fachkenntnissen brillieren, denn das langweilt andere auf die Dauer.

❖ Nicht lange über das Wetter reden, denn Gespräche über das Wetter gehen so ziemlich allen Menschen auf die Nerven. Trotzdem ist es als unverfänglicher Gesprächsöffner unübertroffen, vor allem, wenn das Wetter wieder einmal »verrückt spielt«.

❖ Niemals über gemeinsame Bekannte tratschen. Das ist miserabler Stil, und Ihre Gesprächspartner könnten ausgesprochen negativ darauf reagieren.

Checkliste: Reden und Small Talk

Reden

- Ist Ihnen bewusst, wie wichtig eine gute und deutliche Aussprache ist?
- Achten Sie auch auf Ihre Körpersprache?
- Richten Sie sich danach, dass der beste Gesprächspartner jemand ist, der gut zuhört?
- Haben Sie Erfahrung im Verfassen und Halten von Reden?

Small-Talk

- Haben Sie schon einmal ausprobiert, ganz unbefangen mit fremden Menschen in ein Gespräch zu kommen?
- Wissen Sie, dass heute auch Frauen jederzeit ein Gespräch beginnen können?
- Welche Themen stehen auf der »schwarzen Liste«, weil sie sicher zu Zank und Streit führen?
- Lesen Sie Zeitungen und Zeitschriften, um jederzeit gut auf einen Small Talk vorbereitet zu sein?
- Haben Sie eine eigene Liste von »sicheren« Themen, die Sie immer aktualisieren können?

Business-Knigge

Höflichkeit sollte in jedem Unternehmen eine der obersten Tugenden sein, denn sie zeigt den gegenseitigen Respekt aller Mitarbeiter voreinander am deutlichsten. Gute Manieren sind die beste »Begleitmusik« für Kompetenz, weil sie die Persönlichkeit eines fachlich versierten Menschen in ein positives Licht rücken.

Das bringt Punkte!

Betrachten Sie den Arbeitsplatz als wichtigen Teil Ihres Lebens, und zeigen Sie auch dort die guten Manieren, die Sie im Privatleben kultivieren.

Den Anfang meistern

Sie stehen an einem neuen Arbeitsplatz von der ersten Minute an unter der Beobachtung Ihrer neuen Kollegen. Verhalten Sie sich also zunächst defensiv, um keine Eifersüchteleien oder Ängste zu wecken.

❖ Treten Sie zunächst nicht forsch auf, weil man Ihnen das als Respektlosigkeit auslegen könnte.

❖ Beginnen Sie in den ersten Wochen von sich aus kein privates Gespräch. Beobachten Sie aufmerksam, wer auf Sie in welcher Art und Weise zukommt.

❖ Fachliche Fragen stellen Sie in höflichem Ton, wobei Sie durchaus nachfragen dürfen und sollten, wenn Sie eine Erklärung nicht gleich verstanden haben.

Je umsichtiger Sie sich am neuen Arbeitsplatz einarbeiten, desto dauerhafter ist Ihre Basis.

❖ Prangern Sie in den ersten Wochen keine Missstände an. Sie könnten falsche Kritik anbringen und sich unheimlich blamieren.

❖ Wer am Anfang mit Wissen protzt, stößt meistens nicht auf Sympathien.

❖ Den »Einstand« zu feiern, ist eine Geste der Zugehörigkeit, die von jedem Neuankömmling erwartet wird. Sobald Sie die Probezeit bestanden haben oder wenn Sie einige Wochen in der Abteilung sind, laden Sie Ihre Kollegen am besten in ein Restaurant ein. Sie können dort z. B. Vorspeisen und mehrere Flaschen guten Prosecco bestellen.

Um am Arbeitsplatz nicht anzuecken, ist es ratsam, eher zurückhaltend, distanziert und diplomatisch zu sein.

Wer am Arbeitsplatz feiern möchte, kann auch Kaffee und Kuchen reichen.

Der Arbeitsplatz

Stellen Sie Pflanzen und Fotos auf, und halten Sie Ordnung im Raum. So sieht man, dass Sie willens und fähig sind, etwas aus Ihrem Arbeitsplatz zu machen.

❖ Räumen Sie vor allem jeden Tagen die Akten auf, und verstauen Sie sie am Abend in einem Schrank.

❖ Bilder von und Kalender mit »Pin-up-Girls« sind völlig unpassend.

- Findet in Ihrem Zimmer Parteiverkehr statt oder werden dort öfter Meetings abgehalten, dann sollten Sie dort nicht rauchen.
- Schreibtisch, Computer und private Dokumente von Kollegen sind für alle anderen tabu. Werden Schreibtische und PCs von mehreren benutzt, haben private Inhalte dort nichts verloren. Benützen Sie dafür einen abschließbaren »Rollcontainer«.
- Lästern über andere kann im beruflichen Leben sehr schnell zum Bumerang werden! Hüten Sie sich davor zu tratschen, denn Sie können sicher sein, dass dann auch über Sie geredet wird.

Pünktlichkeit

Wird in Ihrem Beruf pünktliches Erscheinen erwartet, sollten Sie den Weg zum Arbeitsplatz zeitlich großzügig berechnen.

- Bei einem beruflichen Gespräch gebietet es die Höflichkeit, rechtzeitig am Treffpunkt zu erscheinen.
- Das Warten auf verspätete Gesprächspartner nervt viele Menschen. Kommen Sie pünktlich, damit das Gespräch nicht schon negativ vorbelastet ist.

Wichtig: gutes Einvernehmen

Heutzutage praktizieren viele moderne Unternehmen einen Führungsstil, der auf die Eigenverantwortung der Mitarbeiter und ihre Ideen setzt. Die alten, starren Hierarchien werden zugunsten eines »kumpelhaften« Umgangsstils aufgegeben. Doch auch in modernen Betrieben ist es die erste Aufgabe eines Vorgesetzten, Anweisungen zu erteilen, und die des Mitarbeiters, sie zu befolgen.
Also: Je lockerer der Ton, desto größer die Möglichkeit einer Unkorrektheit.

Namen merken

Wer seine Gesprächspartner kennt und mit Namen anspricht, erreicht ein höheres Maß an Individualität und persönlicher Atmosphäre.

❖ Ob man sich in Ihrem Beruf siezt oder duzt – sprechen Sie Ihr Gegenüber mit dem Namen an.

❖ Beim ersten Geschäftskontakt mit Kunden oder Lieferanten stellt man sich selbst mit Namen vor, wenn der Gesprächspartner etwa gleichrangig ist.

Man bittet um die Karte, um einem Hörfehler vorzubeugen und um beim späteren Schriftwechsel den Namen korrekt zu verwenden.

Höflicher Umgang mit Besuchern

- Hochrangige Besucher erwarten, dass man sie in der Eingangshalle abholt. Diese Geste betont die Wichtigkeit ihres Besuches für das Haus.
- Muss ein Besucher den Weg zu Ihrem Büro alleine zurücklegen, dann bitten Sie ihn sofort freundlich herein, sobald er an Ihrer Zimmertüre anklopft.
- Sollten Sie gerade ein Telefongespräch führen, brechen Sie dies mit einer Entschuldigung beim Gesprächspartner sofort ab. Nur wenn dieser wichtig oder höherrangig ist, bitten Sie Ihren Besucher mit einer freundlichen Handbewegung, Platz zu nehmen.
- Nach rascher Beendigung des Telefongesprächs entschuldigen Sie sich bei Ihrem Besucher und fragen höflich, ob sie oder er nicht ablegen will. Männer helfen einer weiblichen Besucherin aus dem Mantel.

Immer abwarten, ob ein Vorgesetzter Sie mit Handschlag begrüßt oder nicht. Nicht voreilig sein!

Wenn Ihr Gast einen weiten Anreiseweg hatte, sollte Sie ihm vor der Verhandlung ein paar Minuten zum »Ankommen« gönnen.

❖ Hängen Sie die Garderobe ordentlich auf einen Bügel (für Bügel im Büro sorgen!).

❖ Bieten Sie Ihrem Besuch Getränke an, und unterhalten Sie ihn noch eine kleine Weile mit Small Talk (→ Seite 47 ff.).

❖ Übrigens: Es ist unhöflich und möglicherweise auch nicht ratsam, Besucher im Büro allein zu lassen!

Freundlich verhandeln

Gutes Einvernehmen unter allen Mitarbeitern und externen Partnern ist eine der tragenden Säulen eines dauerhaften Berufserfolgs. Da man häufig mit Menschen arbeitet, für die man wenig Sympathien hegt, ist es besonders wichtig, immer den guten Schein zu wahren.

❖ Unnötige Fehler werden schon in der Vorbereitung von Konferenzen gemacht. Um etwaige Störungen zu vermeiden, sagen Sie jedem, der Zutritt zum Raum hat, vorher Bescheid: der Sekretärin und allen anderen Kollegen. Sorgen Sie auch dafür, dass auf Sie und Ihre Besucher frischer Kaffee, kühle Getränke und Kekse warten. Damit haben Sie bereits die besten

Voraussetzungen für ein erfolgreiches Gespräch geschaffen.

❖ Stellen Sie sich Ihren Besuchern zur Begrüßung vor. Nennen Sie dabei gut verständlich Ihren Namen, und überreichen Sie jedem Gesprächspartner in Ruhe Ihre Visitenkarte.

Konferenzerfolge sind von perfekter Vorbereitung abhängig. Erstellen Sie die notwendigen Unterlagen nicht erst in letzter Minute.

❖ Achten Sie darauf, dass jeder Teilnehmer einen guten Sitzplatz hat. Problematisch sind übrigens Räume auf zwei Ebenen. Wer »unten« sitzt, fühlt sich nämlich automatisch benachteiligt!

❖ Auch wenn das Thema ernst sein sollte, vergessen Sie nicht, hin und wieder zu lächeln. Aber Vorsicht: Dauerlächeln wirkt absolut »affig«.

❖ Lassen Sie alle Gesprächsteilnehmer immer ausreden. Denn nur dann sind Sie in der Lage, gut zuzuhören und alle Argumente exakt zu erfassen.

❖ Müssen Sie das Gespräch aus dringendem Anlass unterbrechen, so entschuldigen Sie sich beim Gesprächspartner – kommen Sie rasch zurück.

❖ Entscheidend für den Verlauf eines Gesprächs kann es sein, dass Sie durch Ihr Benehmen und durch Ihre Körpersprache Interesse am Gesprächspartner zeigen. Neigen Sie sich dem Gegenüber öfter zu, oder gehen Sie mit wohl dosierten Gesten auf ihn ein.

Ihr Handy sollte ein Meeting nicht stören können. Schalten Sie es am besten ganz aus.

»Affären« und andere private Dinge

Alle privaten und persönlichen Angelegenheiten sind am Arbeitsplatz mit viel Diskretion und Fingerspitzengefühl zu behandeln.

❖ Sehr problematisch ist es, eine Beziehung mit einer Kollegin einzugehen: Gefährlich ist eine Affäre zwischen Chef und Mitarbeiterin (oder umgekehrt) – besonders wenn einer oder beide verheiratet sind. Wird die Affäre bekannt, stehen die Ehen, die neue Beziehung und die Arbeitsplätze auf dem Spiel.

❖ Lassen Sie bei Betriebsausflügen oder ähnlichen Veranstaltungen stets nur das zu, was Sie auch am nächsten Tag am Arbeitsplatz nicht bereuen werden.

Wer sich am Arbeitsplatz verliebt, sollte sich seiner Gefühle sicher sein. Affären lassen sich selten verheimlichen.

❖ Arbeiten Sie in einer großen Abteilung oder in einem kleinen Unternehmen, gehört es zum guten Ton, sich für die »offiziellen« Ereignisse im Privatleben zu interessieren. Sammeln Sie bei Kollegen vor Geburtstagen, Geburten usw., und überreichen Sie gemeinsam ein Geschenk.

❖ Dafür können Sie im Gegenzug erwarten, dass Sie und Ihre Kollegen zu einem kleinen Umtrunk eingeladen werden. Wer befördert wurde, tut immer gut daran, mit den anderen Kollegen mit einem Glas Prosecco oder Sekt darauf anzustoßen.

Frauen im Beruf

Theoretisch steht mit der Gleichberechtigung der Frauen in der Wirtschaft, in Unternehmen und Behörden alles zum Besten. Die Erfahrung zeigt aber, dass Frauen im Berufsleben häufig benachteiligt sind.

- Wenn Sie mit Frauen in einer Abteilung arbeiten, brauchen Sie sie nicht mit Samthandschuhen anzufassen. Frauen nehmen es aber persönlich, wenn sie angeschrien oder beschimpft werden. Mit Drohungen und Gebrüll erreicht man bei ihnen prinzipiell keine gute Zusammenarbeit.
- Natürlich sollten Frauen auch nicht sexuell belästigt werden!
- Öffnen Sie sich für die menschlichen Seiten einer geschäftlichen Angelegenheit. Diese interessieren Frauen in der Regel sehr. Hinter vielen geschäftlichen Problemen stehen nämlich oft menschliche Probleme.
- Frauen drücken sich vorsichtiger aus. Wenn Ihre Kollegin »vielleicht« sagt, sie »glaubt« etwas, kann es ihre Art sein zu sagen: »Ich will das so und so ...«

Manche Chefinnen denken, sie müssten mehr von Ihren Mitarbeitern verlangen als ihre männlichen Kollegen. Stellen Sie sich darauf ein.

Checkliste: Vorstellungsgespräch

- Checken Sie Ihren Lebenslauf auf Ungereimtheiten, und legen Sie sich vernünftige Antworten zurecht.
- Vergegenwärtigen Sie sich Ihre Stärken, damit Sie sich im Gespräch überzeugend darstellen können.
- Überlegen Sie sich eine gute Antwort auf die Frage, warum Sie sich ausgerechnet für diese Arbeitsstelle beworben haben.
- Wählen Sie Kleidung, die etwas besser ist als die, die Sie im Büro dieses Unternehmens tragen würden. Für gewerbliche Stellen: Kombination, Hemd, Krawatte.
- Bei der Begrüßung warten Sie, bis man Ihnen die Hand reicht.
- Zeigen Sie durch zugeneigte Körperhaltung, dass Sie an der Arbeitsstelle interessiert sind.
- Reagieren Sie, wenn die Gesprächspartner das Gespräch zu einem Ende führen wollen, aber beenden Sie das Gespräch nicht von sich aus.
- Ist das Gespräch beendet, stehen Sie in normalem Tempo auf, bedanken sich für das aufschlussreiche Gespräch und warten, bis man Ihnen die Hand reicht.

Goldene Regeln

So intensiv Kontakte zu freien Mitarbeitern, zum Außendienst oder zu den Kunden auch sein mögen, Karriere machen Sie entweder im Haus oder gar nicht. Umso wichtiger ist es daher für einen Angestellten, sich am Arbeitsplatz den Vorgesetzten gegenüber korrekt zu verhalten und eine gute Beziehung zu ihnen aufzubauen.

Gute Kontakte sind ein festes Fundament, um die berufliche Zukunft darauf aufzubauen.

Genauso wichtig aber ist es für Chefs, ein gutes Verhältnis zu den Mitarbeitern zu entwickeln. Denn ohne ihren Einsatz und ihre Loyalität wird er sich sehr schwer tun, seine Ziele zu erreichen.

10 Tipps für Chefs

Anweisungen sollten höflich formuliert sein, weil dadurch der Respekt gegenüber der Person und der Arbeitsleistung des Untergebenen demonstriert wird – der Chef sagt also »Bitte« und »Danke«. Und er spricht seine Mitarbeiter höflich mit ihren Namen an.

Distanz bedeutet nicht, kalt und unfreundlich zu sein. Die Mitte zu finden ist auch eine Frage der Erfahrung.

❖ Anweisungen müssen durchführbar sein. Deshalb sollten sie in Ruhe ausgesprochen und verständlich formuliert sein. Nehmen Sie sich lieber einige Minuten mehr Zeit, einen Auftrag genau zu erklären, als das Ergebnis zu gefährden.

❖ Ein guter Chef lobt gerne, wenn es Grund dafür gibt. Bedenken Sie auch: Lob kostet nichts, und es ist nicht richtig, dass die Leistungen nach einem Lob nachlassen.

❖ Auch die jüngsten und die unverheirateten Frauen werden heute nicht mehr mit »Fräulein« tituliert!

- Das »Mitdenken« der Mitarbeiter wird gefördert, wenn man Anweisungen gut begründet. So erhält der Angestellte keinen »Befehl«, sondern er erfasst auch die Zusammenhänge und Notwendigkeiten.
- Die Autorität des Vorgesetzten muss anerkannt werden, ohne dass er mit massivem Druck Ängste bei den Mitarbeitern erzeugt. Dazu ist es notwendig, dass er schon alleine durch sein Verhalten persönliche Souveränität und gesunde Autorität ausstrahlt.
- Der Chef sollte objektiv und fair gegenüber seinen Mitarbeitern sein.
- Kritisieren Sie Untergebene nicht im Kreis ihrer Kolleginnen und Kollegen.
- Der Chef wird nie mit »Du« angesprochen, wenn nicht er das »Du« anbietet.
- Das rüpelhafte Benehmen eines Chefs erzeugt immer ein schlechtes Betriebsklima und eine starke Personalfluktuation. Chefs tun deshalb gut daran, die üblichen Regeln der Höflichkeit gegenüber ihren Mitarbeitern einzuhalten.

Schon bemerkt? Je älter und erfolgreicher ein Vorgesetzter ist, desto höflicher ist er in der Regel.

10 gute Tipps für Angestellte

Nicht vergessen: Dem Chef gegenüber sollten Sie keinen lässigen Ton pflegen.

❖ Drücken Sie mit Ihrer Körpersprache Achtung und Respekt aus, ohne Ihr Selbstbewusstsein zu vernachlässigen und ohne Ihr Licht unter den Scheffel zu stellen: Halten Sie sich gerade.

❖ Es grüßt höflich immer derjenige zuerst, der einen Raum betritt. Kommt der Chef in den Raum, in dem Sie arbeiten, dann begrüßen besser Sie ihn in gut gelauntem Ton zuerst.

Sehen Sie in den Kollegen nicht immer die Konkurrenz. Aber wehren Sie sich energisch gegen jedes Mobbing!

❖ Erscheinen Sie nie unangemeldet beim Vorgesetzten, sondern lassen Sie sich von seiner Sekretärin einen Termin geben. Warten Sie, bis Sie angekündigt wurden. Dann klopfen Sie an die Tür. Sie warten auf das »Herein« und treten erst danach ein.

❖ Ein Chef mit guten Manieren kommt auf Sie zu, um Sie mit Handschlag zu begrüßen und Ihnen einen Sitzplatz anzubieten. Andernfalls warten Sie an der Tür, bis der Chef etwas sagt.

❖ Ihre guten Umgangsformen und Manieren dürfen nicht so wirken, als wären sie nur mühsam angelernt.

❖ Sprechen Sie Kolleginnen und Kollegen nicht respektlos an. »Hey du« ist in jedem Fall falsch, auch wenn es sich um den Azubi handelt! Wenn Sie sich im Betrieb siezen, sind »Frau Müller« oder »Herr Fischer« korrekt. Beim Duzen heißt es: »Tina, kannst du bitte ...«.

Ganz gleich ob Vorgesetzte oder Untergebene – Höflichkeit und Takt im Berufsleben sollten immer selbstverständlich sein.

❖ Sprechen Sie Ihre Vorgesetzten mit Nachnamen an; den Titel nicht vergessen. Perfekt ist »Frau Dr. von Rinsen-Kampen, ich ...«.

Checkliste: Fit im Beruf

Das Miteinander

- Kennen Sie die oberste Aufgabe eines Vorgesetzten?
- Wissen Sie, dass Anweisungen immer höflich formuliert werden sollten?
- Ist Ihnen bekannt, dass Untergebene nicht im Kreis der Kollegen kritisiert werden dürfen?
- Ist Ihnen bewusst, dass ein rüpelhafter Chef das Betriebsklima vergiftet und damit eine hohe Personalfluktuation heraufbeschwört?
- Denken Sie daran, dass der Chef trotz einer möglicherweise lässigen Art Ihr Vorgesetzter bleibt? Und dass er dies auch in Handlungen umsetzen muss?
- Wissen Sie, dass Sie bei einem höheren Chef nie unangemeldet erscheinen sollten?
- Ist Ihnen klar, dass Pünktlichkeit im Berufsleben sehr wichtig ist?
- Halten Sie es für ratsam, Besucher im Büro allein zu lassen?
- Ist Ihnen bewusst, warum Sie wichtige Besucher in der Eingangshalle empfangen sollten?

- Kennen Sie die Sitte des Small Talk?
- Denken Sie daran, dass es von Aufmerksamkeit zeugt, Ihren Gesprächspartner mit seinem Namen anzusprechen?

Arbeitsplatz und erste Zeit

- Ist Ihnen bewusst, dass Ihr Arbeitsplatz sehr viel über Sie aussagt?
- Ist Ihnen klar, dass Sie von Anfang an unter der Beobachtung der Kollegen stehen werden?
- Wissen Sie, dass Sie keine Pluspunkte bei Ihren neuen Kollegen machen werden, wenn Sie mit Ihrem Wissen protzen?
- Haben Sie sich überlegt, wann und in welchem Rahmen Sie Ihren Einstand feiern werden?

Gespräche führen

- Konnten Sie sich schon einmal in einer Videoaufnahme selbst beim Sprechen beobachten?
- Kennen Sie die Funktion der Körpersprache?
- Wissen Sie, dass Unterbrechungen des Gesprächs von außen nach Möglichkeit zu vermeiden sind?

Stilvoll Feiern

Die Vorbereitung eines Festessens erfordert viel Organisations- und Zeitaufwand, damit das Ereignis ein Erfolg werden kann.
Neben der Qualität der Küche gibt der Stil der Tafel einen feierlichen Rahmen vor, in den sich die Gäste gerne einfügen werden.

Feste zu Hause

Die wichtigste Frage: Haben Sie genug Platz, um die Gäste an einem Tisch unterbringen zu können?

❖ Es ist wichtig, dass jeder Gast genügend Freiraum hat und dass seine Gläser, sein Besteck und die anderen Utensilien so auf den Tisch vor ihm passen, dass er sich ihrer bedienen kann, ohne den Nachbarn zu berühren.

❖ Zudem ist es unerlässlich, das Geschirr, das Besteck und die Gläser durchzuzählen, auf etwaige Beschädigungen zu überprüfen und nachzukaufen.

❖ Die Stühle sollten möglichst alle gleich aussehen.
❖ Decken Sie den Tisch probeweise ein, und stellen Sie die Stühle dazu, um ein Platzproblem nicht erst am Tag der Einladung zu entdecken.
❖ Denken Sie auch ans Tafelsilber, und lassen Sie es gegebenenfalls rechtzeitig putzen.

Formvollendet einladen

Der harmonische und stilvolle Ablauf einer Einladung beginnt mit einer passenden Einladungskarte.

❖ Schreiben Sie den Anlass auf die Vorderseite der Karte. Illustrationen und Schriftgestaltung geben bereits optische Signale.
❖ Alle wichtigen Daten stehen auf Seite 3 der Einladung.

Zu einem Treffen im kleinen, engsten Freundeskreis laden Sie am besten telefonisch ein.

❖ Hinweise auf die Kleiderordnung und den Termin für Zusage oder Absage platzieren Sie auf Seite 2 unten in kleiner Schrift.
❖ Große Familienfeste erfordern eine schriftliche, besonders stilvolle Einladung. Sie lassen die Einladung am besten auf wertvollem kartonierten Papier

drucken. Notieren Sie wichtige Daten und Termine, weisen Sie auf die besten Anreisewege hin.

- Die schriftliche Einladung zu einer Geburtstagsparty werden Sie eher in einem lockeren Stil aufmachen. Wenn Sie einen Computer haben, wird es Ihnen leicht fallen, selbst mit einer tollen Schrift eine Karte oder ein schönes Blatt zu gestalten.
- Etwa sechs bis acht Wochen vor der offiziellen Einladung können Sie bereits mit einer ersten Karte (Umschlag) auf den Termin Ihres Festes hinweisen. So können die Gäste besser disponieren, und Sie können sicher sein, dass alle kommen werden.

Die Begrüßung

Ob Sie zu einem Essen gebeten haben oder ob sich zum Beispiel vor dem Gang zum Standesamt Gäste bei Ihnen zu Hause treffen, die Begrüßungszeremonie ist immer dieselbe: Sie öffnen die Tür oder nehmen mit Ihrer Begleitung im Eingangsbereich Aufstellung. Dort heißen sie jeden einzelnen Gast willkommen: Trifft ein Paar gemeinsam ein, begrüßen Sie zuerst die Dame, danach den Herrn.

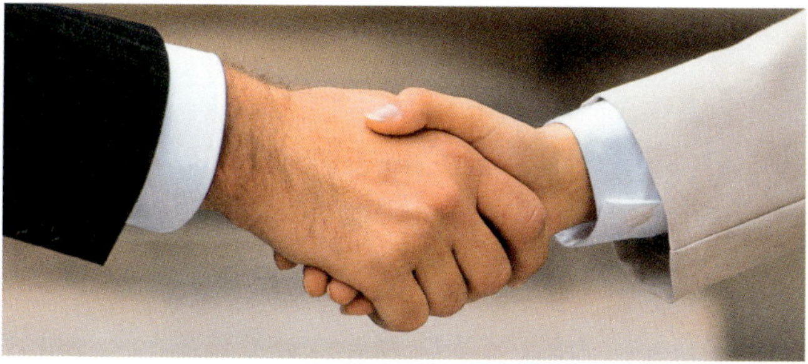

So ist es perfekt: Der Herr wird der Dame vorgestellt, der Jüngere dem Älteren, der Rangniedere dem Ranghöheren.

- Man gibt einander die Hand, nur gut bekannte Menschen werden mit Küsschen empfangen. In der Regel gibt man sich während der Küsschen (rechts – links) nicht die Hand.
- Vermeiden Sie es, Hände über Kreuz zu geben. Das bringt Unruhe!
- Mitgebrachte Gastgeschenke nehmen Sie mit der linken Hand an, um die rechte Hand für die Begrüßung frei zu halten. Sagen Sie bitte nicht: »Das war aber nicht nötig!« Freuen Sie sich gebührend, und danken Sie in passenden Worten.

Die Tafel vorbereiten

Die Arbeit am festlichen Rahmen des Essens beginnt mit dem Decken und Schmücken der Tafel. Selbstverständlich breiten Sie die weiße Stofftischdecke zuerst aus. Wenn eine nicht reicht, können Sie eine zweite gleichfarbige Tischdecke leicht überlappend auflegen. Aufstehende Ränder glatt bügeln.

❖ Blumen und Kerzen sind auf einer festlichen Tafel ein Muss! Ordnen Sie sie in der Mitte der Tafel an.

❖ Tisch- und Menükarten müssen bei einem Essen mit wenigen Gästen nicht unbedingt erstellt werden.

❖ Tischkarten stellen Sie oberhalb des Gedecks unmittelbar hinter das Nachtischbesteck. Die Menükarten platzieren Sie dahinter – sie können etwas in den Blumenschmuck hineingerückt werden.

Das Besteck

Der Platzteller, oft ein Goldrandteller, bildet den Mittel- und Orientierungspunkt beim Eindecken jedes Platzes. Stellen Sie den Teller vor jedem Stuhl auf den Tisch – etwa fünf Zentimeter vom Tischrand weg.

❖ Legen oder stellen Sie je eine gefaltete Stoffserviette (mindestens 50 x 50 cm) auf den Platzteller.

❖ Für das Besteck gilt: Es wird nur das eingedeckt, was tatsächlich gebraucht wird. So wird bei einem Drei-Gänge-Menü natürlich weniger Besteck eingedeckt als bei einem Fünf- oder Sieben-Gänge-Menü.

❖ Für ein Drei-Gänge-Menü (Suppe, Hauptgang und Dessert) wird das Besteck so angeordnet: Die Gabel kommt links neben dem Teller zu liegen, das Messer rechts davon, ganz rechts außen der Suppenlöffel. Oberhalb des Tellers wird quer liegend der Dessert-

Stilgerechte Anordnung für ein Menü mit Suppe, Fleischgericht und Dessert. Links der Teller für Brot und Butter.

löffel bzw. die Dessertgabel angeordnet. Die Zinken der Dessertgabel zeigen nach rechts (Rechtshänder).

- Beim Fünf-Gänge-Menü mit kalter Vorspeise wird die Anordnung so erweitert: Das kleinere Vorspeisenmesser legen Sie nach ganz rechts außen. Zwischen Vorspeisenmesser und dem Messer für den Hauptgang platzieren Sie den Suppenlöffel.
- Bei einer warmen Vorspeise liegt der Suppenlöffel ganz rechts außen und das Messer für die Vorspeise vor dem Messer für den Hauptgang.

Heute gibt es fünf Gänge: Vorspeise, Suppe, Fisch- und Fleischgang, Dessert. Dazu wird Sekt, Rot- und Weißwein und Wasser gereicht.

❖ Oft wird der Suppenlöffel auf dem Unterteller gereicht, wenn die Suppe in der Tasse serviert wird.

❖ Das Besteck für ein Amuse-Gueule (kleines Appetithäppchen), für den Käse oder für spezielle Desserts mit dem Gang servieren!

Gläser und »Finish«

Das Rotweinglas fungiert als Richtglas, das die Anordnung der anderen Gläser bestimmt.

❖ Stellen Sie es exakt über die Spitze des Fleischmessers in Höhe der Dessertgabel. Das Weißweinglas als das nächstgrößere (das auch als Wasserglas Verwendung finden kann) ordnen Sie im 45-Grad-Winkel rechts darunter an. Das Sektglas im 45-Grad-Winkel links oberhalb des Richtglases platzieren.

Gläser sind die Glanzpunkte der Tafel. Polieren Sie sie, bis sie im Licht funkeln.

❖ Für Brot und Butter decken Sie links vom Gedeck ein kleines Tellerchen mit darauf liegendem Messer ein.

❖ In die Tafel werden noch ein paar kleine Brotkörbe und kleine Teller mit der Butter gestellt.

Ein willkommener Gast

Es wäre gegenüber den Gastgebern grob unhöflich, auf die Einladung nicht zu antworten.

❖ Bedanken Sie sich am besten telefonisch innerhalb von ein bis zwei Tagen oder spätestens zum angegebenen Termin, der auf der Einladung vermerkt worden ist.

❖ Sagen Sie sofort ab, wenn Sie nicht kommen können. Können Sie an diesem Abend nicht pünktlich sein, teilen Sie mit, wann Sie da sein werden.

Das Geschenk

Für die Einladung bedankt man sich mit einem Geschenk. Wenn Sie die Gastgeber gut kennen, sollten Sie sich ruhig etwas Mühe machen, um ein möglichst originelles Präsent mitbringen zu können.

❖ Andererseits tut es ein Blumenstrauß auch, den Sie mit einem Kärtchen schon ein paar Stunden vor der Einladungszeit mit einem Blumendienst schicken lassen können. Bringen Sie als Gast die Blumen mit, wickeln Sie diese vor der Übergabe aus dem Papier

Neben den Gastgebern sitzen rechts und links die Ehrengäste. Einen bevorzugten Platz hat auch immer das direkte Gegenüber.

aus – bei einer Verpackung mit durchsichtiger Folie ist dies nicht notwendig. Blumen werden immer der Dame des Hauses überreicht (rote Rosen nur für die eigene Partnerin oder Geliebte!).

Sie werden vorgestellt

Es ist die Aufgabe der Gastgeber, Gäste einander vorzustellen. Nur auf größeren Veranstaltungen stellt man sich selbst vor.

Wein und andere Alkoholika nur mitbringen, wenn Sie den Geschmack der Gastgeber diesbezüglich sicher kennen.

❖ Es ist unhöflich, Begleitung mitzubringen, die nicht eingeladen wurde. Es muss allerdings aus der Einladung hervorgehen, ob nur Sie eingeladen sind oder ob Begleitung mitgebracht werden kann.

❖ Erwarten Sie nicht, schon im Eingangsbereich vorgestellt zu werden. Die Gastgeber gehen nach den Begrüßungen von Gruppe zu Gruppe und stellen die Gäste vor, die einander unbekannt sind.

❖ Liegt den Gastgebern besonders viel an Ihnen, werden Sie herumgeführt und gesondert vorgestellt.

❖ Bei der Vorstellung gilt übrigens die Regel: Der Herr wird der Dame vorgestellt, der Jüngere dem Älteren und der Rangniedere dem Ranghöheren.

❖ Wenn Sie selbst vorgestellt werden, stehen Sie höflich auf und begrüßen den anderen freundlich.

Sich verabschieden

Sie sollten sich nicht zu früh, aber auch nicht zu spät verabschieden. Mit ein wenig Erfahrung und Fingerspitzengefühl werden Sie den richtigen Zeitpunkt bald erkennen. Ein Tipp: Nichts ist für die Gastgeber lästiger, als ein paar Gäste noch bis 04.00 Uhr oder gar später herumsitzen zu haben.

Verabschieden Sie sich unauffällig, um beim Fest keine Aufbruchstimmung zu erzeugen.

❖ Bei einer Einladung mit Festessen gehen Sie nicht vor dem letzten Gang!

❖ In der Regel ist es kein Problem, wenn Sie sich bei einer Esseneinladung mit anschließendem kleinen Umtrunk gegen Mitternacht verabschieden.

❖ Bei einer Party gilt im Allgemeinen 02.00 Uhr als die gute Grenze, die man nicht überschreiten sollte.

❖ Wird ein Fest nach dem Essen in einem anderen Raum fortgesetzt, sollten Sie noch bleiben, weil Sie an einer größeren Tafel erst jetzt mit den anderen Gästen ins Gespräch kommen können.

❖ Muss man vor den anderen Gästen das Fest verlassen, so verabschiedet man sich bei den Umstehenden und begibt sich zum Gastgeber. Der begleitet Sie zur Garderobe. Bedanken Sie sich nochmals ausdrücklich.

Tischsitten

Heute sind gute Tischsitten nicht nur bei Festessen gefragt. Mehr und mehr gehen Personalchefs dazu über, Bewerber »locker« zum Essen einzuladen. Vorsicht: So ein Business-Lunch ist beileibe keine Garantie, dass Sie den Job bekommen werden.

Im Gegenteil, er ist als eine Art Assessment-Center unter erschwerten Bedingungen zu sehen, stehen doch Ihr Wissen und Ihr Engagement ebenso auf dem Prüfstand wie Ihre Fähigkeit, auf gesellschaftlichem Parkett eine gute Figur zu machen.

Mischen Sie sich nie in die Aufgaben des Personals ein – Warmhalteglocken sollten immer vom Personal geöffnet werden!

Altbekanntes zur Erinnerung

Nicht wenige Menschen werden angesichts eines reich eingedeckten Tisches unruhig und unsicher, weil sie sich vor einer Blamage fürchten. Denn sie wissen nicht genau, was sie mit all dem Besteck, den vielen Tellern und Gläsern anfangen sollen.
Wenn Sie sich die folgenden Regeln einprägen, können Sie sich auf jedes Festessen freuen.

Die Serviette

Die Serviette im Schoß soll die Kleidung schützen. Zudem dient sie dem Zweck, den Mund zwischendurch und zum Abschluss des Essens abzuwischen.

❖ Binden Sie die Serviette nie um den Hals, und stecken Sie sie nicht zwischen den Knöpfen ins Hemd oder an die Krawattenklammer. Die Serviette wird auch nicht unter den Teller geklemmt oder zwischen Teller, Besteck und Gläser abgelegt.

❖ Wenn Sie zwischendurch aufstehen, legen Sie sie leicht zusammengefaltet auf die Sitzfläche des Stuhls. Nach dem letzten Gang die Serviette zusammenfalten und links neben das Geschirr legen.

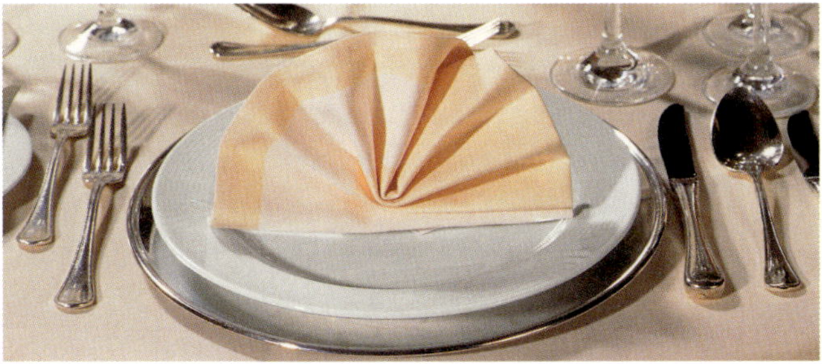

Auch beim Gebrauch der Serviette ist Vorsicht geboten – alles was Sie dazu wissen sollten, erfahren Sie auf Seite 88.

Brot und Butter

Vor dem eigentlichen Menü werden oft Brot und Butter angeboten. Dabei wird der Brotkorb herumgereicht, wobei man die Damen am Tisch zuerst nehmen lässt. Es versteht sich von selbst, dass man nur das Brot anfassen darf, das man dann auch nimmt.

❖ Mit der Vorlegegabel spießen Sie ein Stückchen Butter auf und legen es auf das Tellerchen, das links neben der äußeren Gabel in Ihrem Gedeck steht.

❖ Zum Streichen der Butter ausschließlich das zu diesem Zweck gereichte Messerchen verwenden!

Haltung!

Mit Messer und Gabel zu essen, haben wir alle schon in der Kindheit gelernt. Doch das ist nicht dasselbe, wie an einer Festtafel stundenlang in korrekter Körperhaltung zu sitzen und dabei auch noch locker mit mehreren Garnituren Besteck und verschiedenen »Geräten« für Spezialitäten umzugehen.

Außerdem wirken Sie in aufrechter Haltung aktiver und attraktiver! Überprüfen Sie manchmal, wie Sie sitzen.

Tipps für die optimale Haltung: Stellen Sie beide Füße fest auf den Boden, und richten Sie sich gerade auf. Der Oberkörper sollte sich etwa eine Handbreit vom Tisch weg befinden, die Arme am Körper anliegen und die Hände nur bis zu den Handgelenken auf dem Tisch liegen.

Das Besteck

Grundsätzlich legen Sie das Besteck immer so auf dem Teller ab, dass es nicht versehentlich vom Teller rutschen kann.

❖ Das Besteck nach dem Essen und auch in den Essenspausen nicht in den Speisen stecken lassen!

- Legen Sie gebrauchtes Besteck niemals auf die Tischdecke oder auf die Serviette.
- Mit den Vorlegegabeln transportieren Sie Speisen von Vorlegetellern oder -tabletts auf Ihren Teller. Vergessen Sie nie, sie auf die Platte zurückzulegen!

Messer, Gabel und Löffel

Einen Löffel benutzen Sie richtig, wenn der Stiel in der Beuge zwischen Daumen und Zeigefinger aufliegt, während der Mittelfinger das Gewicht des Löffels abstützt.

- Halten Sie den Löffel gerade!
- Füllen Sie den Löffel immer nur zu zwei Drittel, weil dann der »Transport« der Suppe zum Mund besser gelingt.
- Alle Messer – auch das Dessertmesser – halten Sie immer mit der rechten Hand (Rechtshänder).

Wenn Sie hastig essen, rutscht Ihnen vermutlich oft etwas von der Gabel. Das sieht ungeschickt aus. Üben Sie, ruhiger zu sein – am besten zu Hause.

- Zum Schneiden üben Sie mit dem Zeigefinger Druck nach unten aus. Mit Daumen und Mittelfinger verhindern Sie das Wegrutschen des Messers.

- Das Fleischmesser dient zum Schneiden. Nehmen Sie die Gabel, wenn Sie Speisen gegen das Messer schieben wollen.
- Das Fischmesser mit seiner geschwungenen stumpfen, aber spitzen Klinge wird nur zum Zerteilen des Fischstückes oder gegebenenfalls auch zum Tranchieren eines ganzen Fisches verwendet. Die Kerbe auf der Oberseite der Klinge dient zur deutlichen Unterscheidung des Fischmessers gegenüber den anderen Messern im Gedeck. Übrigens: Geräucherter Fisch wird nicht mit einem Fischmesser gegessen, sondern mit einem Fleischmesser.
- Eine Gabel halten Sie möglichst weit am Ende; mit dem Zeigefinger nach unten drücken.
- Führen Sie die Gabel immer so zum Mund, dass sie dabei nur leicht geneigt wird – also aufgespießte Speisen nicht in steilem Winkel zum Mund führen.
- Wird die Gabel als Schaufel benutzt, drehen Sie sie um, sodass die Zinken nach oben zeigen. Der Stiel liegt in der Beuge zwischen Daumen und Zeigefinger.
- Nach dem Gebrauch legen Sie die Gabel auf der linken Seite des Tellers mit den Zinken nach oben ab.

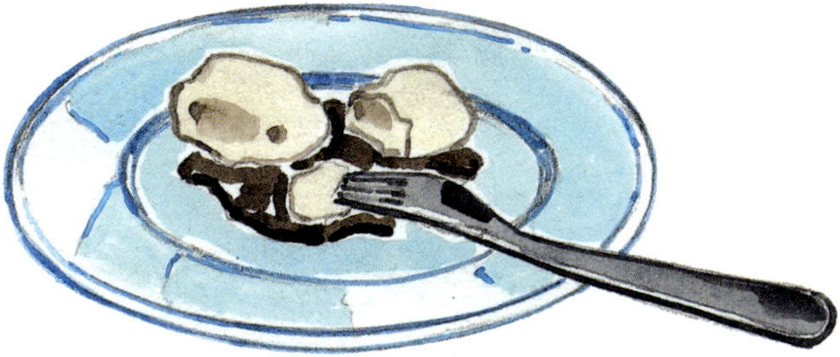

Kartoffeln schneidet »man« nicht mit dem Messer. Stechen Sie ein Stückchen ab, und tunken Sie es in die Sauce.

Mit den Fingern?

Hummer, Austern, Muscheln, aber auch Nachtisch wie einige Obstsorten, Feingebäck und Pralinen essen Sie natürlich aus der Hand.

❖ Geflügelstücke nehmen Sie nur dann in die Hand, wenn die Enden der Schlegel mit einer Papierbanderole versehen sind oder wenn vor Ihnen Fingerschälchen mit Wasser und Zitronenscheiben stehen (»Fingerbowle«), in denen Sie Ihre Finger reinigen können. In allen anderen Fällen müssen Sie das Geflügelfleisch, so gut es geht, mit dem Besteck lösen.

Servieren und Abtragen

Servieren und Abdecken ist nicht Sache des Gastes, sondern ausschließlich die des Servicepersonals.

❖ Warmhalteglocken werden vom Personal geöffnet.

❖ Der Servierwagen ist für den Gast tabu, auch wenn er direkt hinter ihm steht und zum Naschen verführt.

❖ Stellen Sie Teller nicht zusammen. Lassen Sie sie stehen.

Knigge-Tipps rund ums Essen

❖ Es ist unhöflich gegenüber den Gastgebern, wenn Sie von den Speisen nichts oder wenig essen.

Halten Sie auch unbedingt Ihre weibliche Begleitung davon ab, sich in die Aufgaben des Servicepersonals einzumischen.

❖ Wenn Sie die Speisen nicht kennen, sollten Sie wenigstens von allem probieren – so entgehen Sie der Einschätzung, altmodisch oder ignorant zu sein.

❖ Es macht keinen guten Eindruck, wenn Sie die Speisen schnell in sich hineinessen, um noch zu einem »Nachschlag« zu kommen. Dies wird insbesondere bei Suppe und Vorspeise nicht gern gesehen, weil diese Gänge angesichts des Hauptgangs nur in begrenzter Menge zubereitet werden.

- Bei Buffets gehen Sie lieber zweimal, als die Speisen auf Ihrem Teller anzuhäufen. Man könnte sonst meinen, Sie hätten vorher tagelang gehungert!
- Den Zahnstocher hinter der vorgehaltenen Hand am Tisch zu benutzen, ist zwar erlaubt, erregt aber häufig Abneigung. Stehen Sie besser nach dem Fleischgang auf, und nehmen Sie einen Zahnstocher mit. Sie können ihn dann diskret und effektiv im Waschraum benutzen.
- Ein unmögliches Verhalten legen Sie an den Tag, wenn Sie sich mit dem übernächsten Nachbarn unterhalten oder mit dem Tischnachbarn tuscheln.
- Alle Gläser auf einer klassischen Tafel haben einen Stiel, und dort fasst man das Glas auch an. Einzige Ausnahme ist der Cognakschwenker.
- Halten Sie Gläser nie oben am Rand. Das ist affektiert und bedeckt außerdem das Glas mit unschönen Fingerabdrücken.

Mit diesen acht Tipps fürs feine Benehmen sind Sie auch für große Feste und prachtvolle Tafeln gerüstet.

Checkliste: Einladen und Feiern

Einladungskarte und Begrüßung

- Kennen Sie die Regeln für eine kleine private Einladung oder für eine wichtige Familienfeier?
- Wissen Sie, wie man eine perfekte Einladungskarte gestaltet?
- Kennen Sie die wichtigsten Regeln von Begrüßung und Vorstellung?
- Wissen Sie, wie man neue Gäste in einen bestehenden Zirkel einführen sollte?

Die Vorbereitung für ein Festessen

- Haben Sie genug Platz, um die Gäste an einem Tisch unterbringen zu können?
- Haben Sie genug Geschirr, Besteck und Gläser?
- Haben Sie den Zustand des Bestecks kontrolliert, besonders beim Silberbesteck?
- Haben Sie Ihren Tisch einmal probeweise komplett eingedeckt?
- Haben Sie genügend große Stoffservietten, die zur Tischdecke farblich passen?

Das Eindecken

- Wissen Sie, dass Lack- und Papiertischdecken für ein stilvolles Essen ungeeignet sind?
- Wissen Sie, dass nur das Besteck eingedeckt wird, das tatsächlich gebraucht wird?
- Kennen Sie die Funktion des Richtglases?
- Wissen Sie, wie man den Tisch für ein Drei- oder Fünf-Gänge-Menü eindeckt?

Der Eingeladene

- Ist Ihnen bewusst, dass es grob unhöflich wäre, auf eine Einladung nicht zu reagieren?
- Kennen Sie die wichtigen Regeln von Begrüßung und Vorstellung?
- Haben Sie an ein Gastgeschenk gedacht?
- Sind Sie fit für Small Talk? Haben Sie sich ein paar leicht verständliche Themen überlegt?
- Wissen Sie, wann es Zeit ist aufzubrechen?
- Sind Sie in Sachen »Tischmanieren« fit?
- Wie gut sind Ihre Umgangsformen bei Tisch?
- Können Sie mehrere Stunden in guter Haltung sitzen?
- Wissen Sie, wann Sie jemanden mitbringen dürfen?

Einladung ins Restaurant

Natürlich können Sie Ihre Gäste auch ins Restaurant einladen. Diese Umgebung ist zwar nicht so privat, hat aber ihre Vorteile. So müssen Sie sich nicht weiter um den Ablauf der Feier kümmern, wenn Sie den Rahmen einmal vereinbart haben, und können sich noch intensiver um Ihre Gäste kümmern. Das ist besonders wichtig bei einem Rendezvous ...

Die Wahl des Restaurants

Ob ein romantischer Abend zu zweit oder ein großes Festessen mit der Abteilung oder der Familie – auch ein Restaurantbesuch erfordert Einsatz.

❖ Wenden Sie etwas Mühe bei der Suche nach dem geeigneten Lokal auf.

❖ Überlegen Sie, welche gastronomische Richtung Ihren Gästen am besten entspricht. Kennen Sie die Vorlieben Ihrer Gäste nicht, wählen Sie ein Restaurant mit eher international ausgerichteter Küche.

❖ Überlegen Sie, ob Ihre Gäste das teuerste Essen bestellen können, ohne dass Sie sich »ruinieren«.

Eine Einladung im großen Stil – ist das nicht eine wunderbare Gelegenheit, andere Menschen kennen zu lernen?

»Bitte abräumen.« Würde ein Teil schräg nach unten zeigen, hieße das: »Das Essen war nicht gut.«

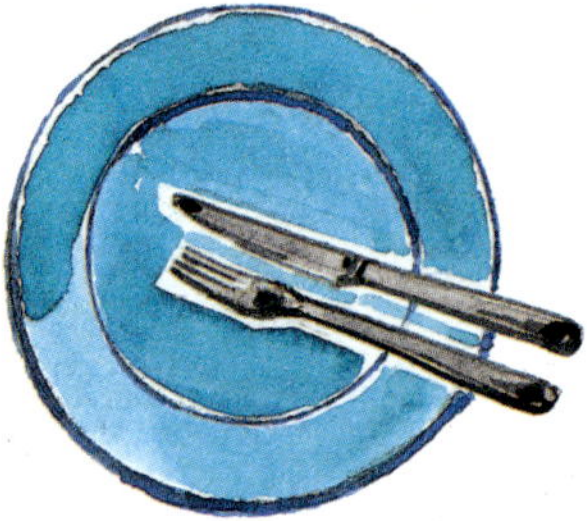

»Ich mache eine Essenspause.« Das Besteck ist vorne auf dem Teller gekreuzt, die Messerschneide zeigt nach innen.

Das zeugt von schlechtem Stil: Die Stiele von Messer und Gabel auf dem Tisch, die Spitzen klaffen auf dem Teller auseinander.

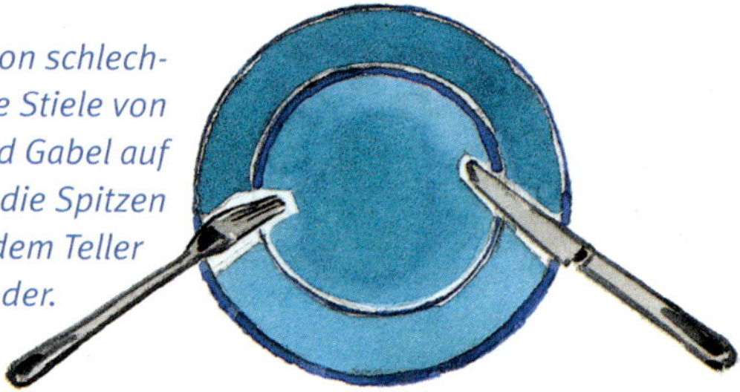

- Essen Sie dort zur Probe. Gleichzeitig suchen Sie den Tisch aus und reservieren ihn umgehend. Er sollte weder in Nähe der Toilettentüren sein noch zu nahe an der Eingangstüre.

Richtiges Verhalten

Jetzt kommt es auf höflich-unauffälliges Betragen an.

- Betreten Sie ein Lokal in weiblicher Begleitung, dann öffnen Sie ihr die Türe, fragen aber höflich, ob Sie hier vorangehen dürfen.
- Werden Sie vom Kellner empfangen, dann geht dieser voran bis zum reservierten oder anderweitig freien Tisch. In diesem Fall geht die Dame hinter dem Kellner, und Sie folgen ihr.
- Können Sie erkennen, dass Ihre Begleiterin es gerne hat, wenn sie beim festlichen Essen »nach alter Schule« verwöhnt wird, dann tun Sie ihr den Gefallen. Dazu gehört: Sie warten, bis sie ihren Platz am Tisch ausgewählt hat. Sie schieben den Stuhl hinter die Dame, um ihr behilflich zu sein.

Beim Betreten von Restaurants geht der Herr – ausnahmsweise – vor der Dame.

- Weitere Aufmerksamkeiten sind: Der Herr probiert den Wein und bestellt das Essen der Dame. Er achtet darauf, dass ihr als Erste Brotkorb und Vorspeisenplatte gereicht werden.
- Steht die Dame auf, kommt sie wieder zurück oder gesellt sich eine weitere Dame zu Ihnen, so erheben Sie sich (in größerer Runde nur angedeutet).
- Sie wickeln die Bezahlung am diskretesten ab, wenn Sie zum Kellner gehen und direkt bei ihm bezahlen.
- Geben Sie fünf bis zehn Prozent der Rechnung an Trinkgeld, wenn Sie mit Küche und Service zufrieden waren.
- Geben Sie nur dann kein Trinkgeld, wenn Sie mit dem Essen oder mit dem Service sehr unzufrieden waren.
- Hat Ihnen das Essen ganz besonders gut geschmeckt, dann schauen Sie beim Gehen kurz an der Küche vorbei und sagen es dem Koch direkt.
- Beschwerden bringen Sie immer in freundlichem Ton vor. Bei schwerwiegenden Versäumnissen und Fehlern lassen Sie den Geschäftsführer kommen.

Checkliste: Im Restaurant

- ❖ Kennen Sie sich in der Gastroszene Ihrer Stadt gut aus? Wissen Sie, welche traditionellen Restaurants zu empfehlen sind, welche In-Bars usw.?
- ❖ Wissen Sie, dass Ihre Gäste aus der Ausstattung des Restaurants und der Qualität des Essens direkte Rückschlüsse auf Ihren Geschmack und auf Ihr Konto ziehen könnten?
- ❖ Kennen Sie die Möglichkeit, diskret beim Kellner an der Theke zu zahlen?
- ❖ Wissen Sie, dass Sie beim Betreten des Lokals vor der Dame gehen sollten?
- ❖ Wissen Sie, welche Höflichkeitsbezeugungen zur »alten Schule« gehören?
- ❖ Kennen Sie die Trinkgeldregeln?
- ❖ Können Sie sich mit der Bestecksprache verständlich machen?
- ❖ Haben Sie Übung darin, mit dem Servicepersonal höflich und bestimmt umzugehen?
- ❖ Können Sie sagen, welche Tische in einem Lokal die besseren sind und welche die schlechteren?

Spezialitäten-ABC

Eine Reihe von Speisen kann man nur mit bestimmten Techniken problemlos essen. Dazu zählt nicht nur der in dieser Hinsicht zu Recht berüchtigte Hummer, sondern auch die bayerische Weißwurst.

Ob im Restaurant, bei Ihnen zu Hause oder auf einer Festtafel – Spezialitäten sind immer »in«. Man muss sie nur zu »knacken« wissen.

Amuse-Gueule

Die Minivorspeise, in Restaurants meist auf Kosten des Hauses gereicht, ist nur als Appetithappen gedacht. Für die Scheibe Pastete, ein Mousse oder Crostini liegt das Besteck oft nicht vorher auf der Tafel.

Apfelsine

Orangen essen Sie nicht wie daheim, indem Sie ein Loch in die Schalen graben!

❖ Ritzen Sie die Schale mit dem Obstmesser ein, und ziehen Sie sie samt der darunter liegenden Haut spaltenweise oder kreisförmig mit dem Messer ab.

❖ Sie können anschließend mit den Fingern die Frucht in Stücke teilen und sie mit der Hand essen.

Artischocken

Die Blütenköpfe der distelartigen Staude werden meist mit einer würzigen Sauce oder einem Dip als Vorspeise serviert.

❖ Zupfen Sie Blatt für Blatt ab, und tunken Sie es mit dem weichen Ende in die Sauce. Dann lutschen Sie das Innere des Blatts zusammen mit der Sauce aus.

❖ Wenn alle Blätter abgezupft sind, liegt der Artischockenboden frei. Das sichtbare so genannte Heu ist ungenießbar! Kratzen Sie es mit einem kleinen Löffel ab, und legen Sie es auf den Abfallteller.

❖ Das nun freigelegte Artischockenherz verspeisen Sie mit Messer und Gabel.

Austern

Nehmen Sie die Auster in einer dick gefalteten Serviette mit der gewölbten Seite nach unten in die Hand.

❖ Trennen Sie die knochenharte Schale an der rückwärtigen Nahtstelle mit Ihrem Austernmesser auf.

❖ Wenn Sie eine Austernzange benutzen, halten Sie die Schale unbedingt waagerecht, weil sich in frischen Austern Meerwasser befindet.

❖ Im unteren Teil der Schale haftet die Auster am so genannten Austernpunkt, dem Schließmuskel. Lösen Sie die Austern wie oben beschrieben, aber lassen Sie sie in der Schale im Meerwasser schwimmen.

❖ Mit der Austerngabel entfernen Sie nun in der Schale Bart und Darm, würzen etwas mit Zitrone und schlürfen das Fleisch zusammen mit dem Meerwas-

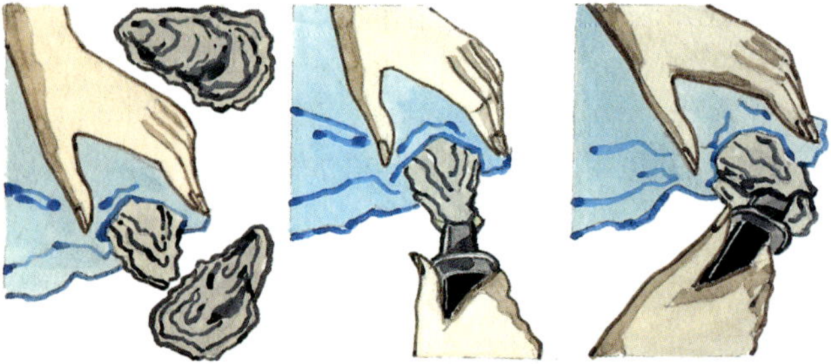

So essen Sie rohe Austern am besten: Die Auster gut festhalten, Ober- und Unterschale lösen, den Austernpunkt durchtrennen.

ser direkt aus der Schale aus, indem Sie diese zum Mund führen und nicht umgekehrt.

Avocado

Oft werden Avocados halbiert und/oder gefüllt serviert. Nehmen Sie dann den Löffel und schaben oder löffeln Sie Füllung oder Fruchtfleisch heraus.

Canapé

Ein Canapé ist ein Häppchen, das aus einer Weißbrotscheibe besteht, die mit Wurst, Käse, Pastete, Fisch oder anderen Lebensmitteln fantasievoll belegt ist. Nehmen Sie zum Canapé eine Serviette, denn manche sind so hoch belegt, dass Auflage und Brot zusammen nicht in den Mund passen.

Cremes, Mousse und Co.

Nur Könner verstehen es, solche besonders weichen Desserts mit der Gabel zu essen.
Nutzen Sie bedenkenlos den Dessertlöffel auch fürs Kompott, für Obstsalat oder Pudding. Für alle anderen Desserts gibt es besonderes Besteck.

Fisch

Einen Fisch zu filetieren, erfordert durchaus Geschick.

- Entfernen Sie zunächst die Flossen und die Haut, indem Sie mit dem Fischmesser am Rücken (die obere schmale Seite des Fisches) entlangfahren. Sie ziehen die Haut ab und heben das Filet von den Gräten ab. Dann wenden Sie den Fisch vorsichtig und lösen auf der anderen Seite das Filet von den Gräten.
- Haben Sie eine Gräte im Mund, schieben Sie diese mit der Zunge auf die Lippen, von dort auf die Gabel.

Beim Filetieren muss man vorsichtig sein und sich jeweils danach richten, wo die Gräte sitzt – am Rücken oder an der Seite.

Garnelen, Scampi und Krabben

Meist werden diese Meeresfrüchte halbiert serviert. Wenn Sie einmal eine ganze Garnele essen wollen, geht das so:

- Sie fassen den Kopf mit der linken Hand und drehen mit der rechten Hand den Körper so fest herum, dass sich der Panzer des Körpers vom Kopf löst.
- Anschließend ziehen Sie das Fleisch am Kopf aus dem Schwanzende heraus. Den schwarzen Faden des Darms lösen Sie mit der Gabel oder dem Fischmesser. Sie können das auf diese Weise ausgelöste Fleisch nun essen.

Geflügel

Geflügel wird in der Küche tranchiert (in kleine Stücke geteilt). Um die Einzelteile zu erhalten, geht man in Schritten vor (→ Seite 111). Bei Tisch werden Sie es selten mit einem ganzen gebratenen Vogel zu »tun« bekommen. Auch dann sollten Sie Geflügel nicht als Fingerfood ansehen.

- Eine eventuell vorhandene Füllung des »Vogels« holen Sie mit dem Vorlegelöffel heraus.

❖ Die Viertel einer Gans oder Pute sind so groß, dass Sie große Teile der Schenkel und der Brust mit Messer und Gabel essen können.

❖ Das Fleisch der Schenkel von Gans, Ente und Rebhuhn lässt sich nur bedingt mit Besteck von den Knochen lösen; versuchen Sie es, solange es geht. Mit etwas Übung ist es auch gar nicht so schwer, saubere Fleischteile von den Knochen zu lösen.

Nur im Bierzelt oder im Biergarten ist es in Ordnung, das Hähnchen aus der Hand zu essen.

Werden Wachteln halbiert serviert, sollten Sie, solange es geht, mit Gabel und Messer essen.

❖ Das Brustfleisch eines gebratenen Hähnchens oder einer Wachtel essen Sie mit Messer und Gabel.

❖ Das Fleisch von Hähnchen- und Wachtelschenkeln dagegen dürfen Sie von den Knochen abnagen, wenn eine kleine, weiße Papierbanderole über den Fuß geschoben wurde.

❖ Die beliebten »Chicken wings« mit Sauce dürfen Sie überall mit den Händen festhalten und genussvoll abnagen! Die dazu in der Regel gereichten weiteren Beilagen essen Sie allerdings mit dem Besteck.

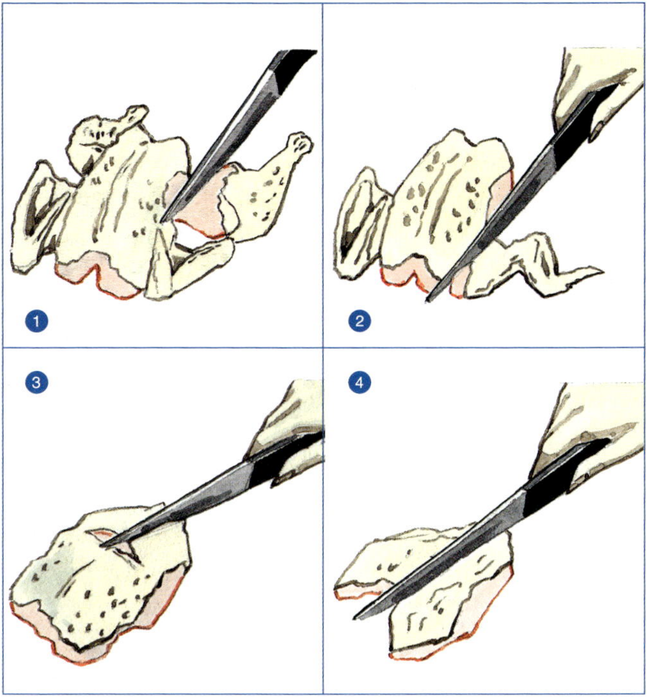

Vom Hühnchen zuerst Flügel und Beine trennen. Dann auf dem Rücken das Fleisch durchtrennen und ablösen. Zum Schluss das Brustfilet abheben.

Hummer

In der Regel kommt ein Hummer gekocht und mit halbiertem Schwanz-Panzer auf die Tafel.

- Brechen Sie den beweglichen Greifer ab, und knacken Sie dann mit der Hummerzange die Scheren Stück für Stück auf. Dabei sollten Sie aber gefühlvoll vorgehen, denn das wertvolle Fleisch in den Scheren sollte weder zerquetscht noch zerstückelt werden. Das Fleisch in den Scheren wird mit der Hummergabel vorsichtig herausgezogen und gegessen.

Sollten Sie den Hummer in der eigenen Küche kochen – nie lebend ins kochende Wasser geben. Das ist Tierquälerei.

- Die Beine brechen Sie in den Gelenken in Stücke und nehmen die Hummergabel in die rechte Hand mit den Zinken nach oben. Mit der linken Hand halten Sie das Beinchen und lösen und ziehen das Fleisch heraus. Wenn die übrige Tischgesellschaft es ebenso macht, können Sie an den Röhren saugen, um Fleisch und Saft zu genießen.
- Wenn Sie keine Abneigung dagegen haben, können Sie die Hummer-Innereien mit dem Löffel essen.

Käse

Käse wirkt opulent, wenn er mit Früchten garniert auf großen Brettern angerichtet wird. Alternativ wird in einigen Restaurants und von verschiedenen Catering-Services ein Wagen vorbeigefahren, von dem Sie die Käsesorten wählen, die Ihnen zusagen.

❖ Zu Käseplatten gehört ein Käsemesser. Sie schneiden damit kleine Stücke oder Scheiben vom Stück, spießen sie mit den Zinken auf und streifen den Käse auf Ihrem Teller mit dem eigenen Besteck ab.

❖ Bei verschiedenen Sorten sollten Sie mit mildem Käse beginnen und dann zu dem pikanteren übergehen.

Wenn Sie die verschiedenen Käsesorten nicht kennen, berät Sie der Service gern.

❖ Belegen Sie Ihren Teller so, dass nie eine Sorte Käse auf den Resten einer anderen zu liegen kommt!

❖ Essen Sie den Käse zu Brot oder Brötchen mit dem kleinen Käsebesteck, das Sie mit dem Teller für den Käse gereicht bekommen.

❖ Finden Sie an einem Stückchen Käse Rinde, dann ziehen oder schneiden Sie diese mit dem Messer ab.

Kartoffel

Aus der Zeit der Silberbestecke stammt die eiserne Regel für das Verspeisen von Kartoffeln: nicht schneiden, sondern mit der Gabel zerteilen. Ähnlich wie bei den Eiern laufen die Silbermesser nämlich wegen der Kartoffelstärke beim Schneiden unschön an. Vor allem aber kann durch die glatten Schnittstellen die Sauce, durch die die Kartoffeln erst geschmacklich abgerundet werden, nicht aufgenommen werden.

❖ Vorsicht aber beim »Zerquetschen«. Wenn Sie gar nicht anders an die Sauce kommen, können Sie theo-

Kaviar ist eine teure und einmalige Delikatesse. Es gibt den salzig-würzigen Störrogen in unterschiedlicher Qualität.

retisch ein wenig der Kartoffel zerdrücken und mit ein wenig Sauce vermengen. Bei beruflichen Testessen und im Kreis konservativer Gäste ist davon aber abzuraten.

❖ Zur Folienkartoffel wird ein zusätzlicher Löffel gebracht, mit dem Sie das Innere auslösen und essen. Fehlt dieser Löffel, essen Sie einfach mit Messer und Gabel.

Kaviar (Störrogen)

Kaviar isst man mit der so genannten »Schaufel«, die aber in der Regel ein zierlicher Perlmuttlöffel ist, zu der ein ebenfalls aus Perlmutt gefertigtes Kaviarmesser gehört.

Bei Berührung mit Metalllöffeln besteht nämlich die Gefahr, dass sich der besonders delikate Geschmack des Kaviars verändert.

❖ Mit der Kaviarschaufel nehmen Sie etwas Kaviar auf den Teller und streichen ihn mit dem Kaviarmesser auf den vorher mit Butter bestrichenen Toast.

❖ Der wahre Gourmet bestreicht jeweils immer nur ein Häppchen.

Kernobst

Äpfel und Birnen sind das auf Tafeln am häufigsten angebotene Kernobst.

❖ Nehmen Sie die Frucht in die linke Hand, und schälen Sie mit dem Obstmesser, beim Stielende beginnend, die Schale kreisförmig dünn ab.

❖ Anschließend vierteln Sie das Obst und schneiden das Kerngehäuse heraus.

❖ Sie können die Viertel sowohl mit den Fingern als auch mit dem Obstbesteck essen.

Kirschen

Kirschen werden im Restaurant meist ungewaschen in einer Wasserschale serviert.

❖ Nehmen Sie eine Kirsche am Stiel, und schwenken Sie sie im Wasser. Dann pflücken Sie die Frucht mit den Lippen vom Stiel.

❖ Den Kern legen Sie diskret ab: Ballen Sie am besten die Hand zu einer lockeren Faust vor dem Mund, und legen Sie den Kern mit den Lippen in die Mulde zwischen Zeigefinger und Daumen. Lassen Sie den Kern unauffällig auf den Abfallteller gleiten.

Krebse

Achtung: Krebsfleisch färbt extrem rot! Achten Sie deshalb bei einem Krebsessen besonders auf den Schutz Ihrer Kleidung.

❖ Halten Sie den Krebs mit der linken Hand am Brustpanzer, und ziehen Sie mit der rechten Hand unter leichtem Biegen und Drehen den Schwanz vom Körper.

❖ Indem Sie mit dem Krebsmesser den Panzer an der Unterseite aufschneiden, kommen Sie leicht an das Fleisch, wenn es nicht schon beim Lösen des Schwanzes herausgerutscht ist.

❖ Den Darmkanal sollten Sie unbedingt entfernen, weil er extrem bitter schmeckt und das Aroma des Krebses stört.

❖ Das Fleisch essen Sie mit Messer und Gabel.

❖ Das Krebsmesser hat ein kleines Loch, durch das die Beinröhren gesteckt und schnell geknackt werden. Fleisch und Saft werden anschließend mit dem Mund aus den Röhrchen gesaugt.

Krebse waren früher so zahlreich in den Flüssen Europas, dass sie ein klassisches billiges Armeleuteessen abgaben.

Kuchen und Gebäck

Gebäck (also »Teilchen«) werden mit den Fingern gegessen, dagegen wird zum Kuchen eine kleine Gabel mit passendem Löffel gereicht.

❖ Mit der Hand können Sie Pralinen oder Feingebäck (Kekse, Plätzchen) essen.

❖ Die Sahne wird nicht auf den Kuchen, sondern immer auf den Teller neben den Kuchen gegeben.

Muscheln

Muscheln werden entweder in einem stark flüssigen Sud gereicht, oder sie kommen überbacken auf den Tisch. Bei Muscheln im Sud hat sich eine recht rustikale Esstechnik durchgesetzt.

❖ Nehmen Sie eine große, weit geöffnete Muschel in die Hand, und pieken Sie mit der Gabel das Fleisch heraus. Dann legen Sie die Gabel beiseite und nehmen diese erste Muschel in die Hand.

❖ Sie lösen nun mit dieser Muschelzange die anderen Muscheln aus den Schalen und legen die leeren Schalen auf den bereitstehenden Teller.

❖ Sud in eine halbe Muschel schöpfen und trinken.

❖ Achtung: Lassen Sie geschlossene oder nur wenig geöffnete Muscheln liegen, weil sie möglicherweise nicht frisch sind und zu Vergiftungen führen können.

Pasteten

Kalt und in Stücken oder in Scheiben serviert, sind Pasteten beliebte Vorspeisen, die sich hervorragend garnieren lassen.

❖ Pasteten sollten nicht zu fest sein. Sie müssen sich noch mit der Gabel teilen lassen. Aber selbst steinharte Pasteten niemals mit dem Messer schneiden!

Ein Festessen für Gourmets – und mit ein klein wenig Know-how auch gar nicht schwierig zu verzehren.

Um die in einer gehaltvollen Knoblauchsauce schwimmenden Schnecken essen zu können, braucht man die Schneckenzange und eine Spezialgabel.

Salat

Salat muss so klein zerteilt (mundgerecht) auf den Tisch kommen, dass man ihn problemlos mit der Gabel essen kann.

❖ Ist dies nicht der Fall, dürfen Sie die Salatblätter mit Gabel und Messer in essbare Stücke schneiden.

Schnecken

Das Besteck für das Schneckenessen besteht aus einer Zange und einer kleinen Gabel mit zwei Zinken.

❖ Mit der Zange greifen Sie das Gehäuse und ziehen das feste, schmackhafte Fleisch vorsichtig mit der Schneckengabel aus dem Gehäuse.

Weinbergschnecken sind in der heutigen Zeit leider eine eher rare Köstlichkeit.

❖ Das Fleischbröckchen legen Sie dann auf Ihren Löffel, kippen die würzige Sauce aus dem Gehäuse und essen beides vom Löffel.

❖ Beim Schneckenessen ist es erlaubt, die Sauce mit Brot aus dem Schneckenteller zu tunken.

❖ Gibt es Meeresschnecken, dann holen Sie das Fleisch mit der eingedeckten Stecknadel heraus.

Spareribs

Selten werden Spareribs Sie auf einer festlichen Tafel erwarten! Sollte Ihr berufliches Testessen aber in einem Steakhouse stattfinden, dann gilt Folgendes:

Spareribs sind nichts anderes als gegrillte Schweinerippchen. Sie können Sie ohne Angst verzehren.

- Spareribs werden mit den Fingern gegessen, wenn die Rippen, wie allgemein üblich, schon zerteilt sind.
- Manchmal bekommen Sie ein Rippenstück im Ganzen, sodass Sie mit einem Steakmesser die einzelnen Rippen tranchieren müssen. Das ist besonders dann nicht einfach, wenn die Sauce bereits in der Küche über das Rippenstück gegeben wurde.
- Spareribs schmecken besonders gut, wenn man sie in die würzige Sauce tunkt. Danach müssen Sie Hände und Mund gründlich reinigen. In guten Häusern werden Papierservietten und Zitronensaft oder Reinigungstücher angeboten. Letzte Spuren beseitigen Sie am besten im Waschraum.
- Vorsicht, wenn Sie während des Spareribs-Essens etwas trinken: Das Glas verschmiert meist unschön!

Steinobst

Aprikosen und Pfirsiche sind ein Augenschmaus und werden gerne auf Fruchttellern dekoriert.

❖ Nehmen Sie die Frucht in die linke Hand, und schneiden Sie sie mit dem Obstmesser tief bis auf den Stein ein. Dann wird das Messer einmal um den Stein herum durch das Fruchtfleisch geführt.

❖ Die entstandenen beiden Hälften, die ja noch am Stein haften, drehen Sie mit beiden Händen einmal gegeneinander, sodass sie sich vom Stein lösen.

❖ Die beiden Fruchthälften essen Sie mit dem Besteck oder aus der Hand.

❖ Pflaumen öffnen Sie mit der Hand, lösen den Kern aus und legen ihn auf den Teller.

Suppe

Es ist nun einmal schwierig, Suppen »protokollgerecht« zu essen, und niemand weiß, wie viele Kleidungsstücke sie schon verdorben hat!

❖ Essen Sie Suppe langsam mit der rechten Hand.

❖ Den Teller können Sie leicht von sich weg anheben, um den letzten Rest Suppe herauszulöffeln.

- Keinesfalls darf ein Teller zum Mund geführt werden, um den Suppenrest daraus zu trinken. Aus der Suppentasse dürfen Sie das aber!
- Tunken Sie kein Brot in die Suppe!

Sushi

Sushi besteht aus rohem Fischfilet, meist von Tunfisch, Makrele oder Lachs. Es wird mit Reis in Algenblätter gewickelt und in Scheiben geschnitten.

- Die japanische Spezialität essen Sie mit den Fingern oder mit Stäbchen.

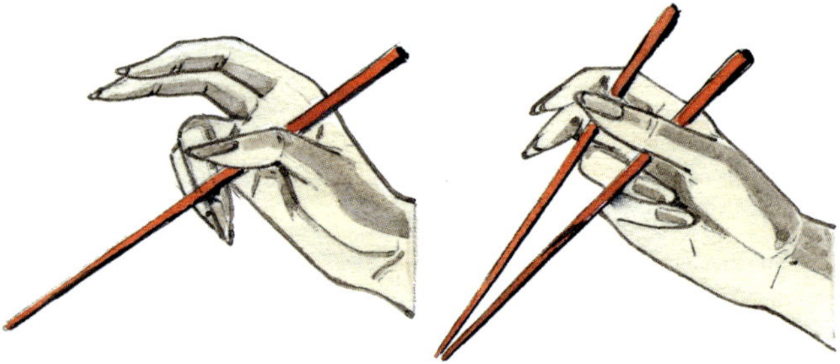

Die Stäbchenführung: Sie halten eines fest und nehmen das zweite beweglich zwischen Daumen und Mittelfinger.

Weißwurst

Weißwürste werden immer nach Stück bestellt – nicht nach Paar! Sie werden in einer Terrine serviert, in der alle am Tisch bestellten Weißwürste liegen.

❖ Jeder Gast nimmt höchstens zwei Weißwürste aus der Terrine und gibt sie auf seinen Teller. Haben Sie mehr als diese bestellt, bleiben diese zunächst in der Terrine, die sie warm hält.

❖ Die königlich-bayrische Variante: Sie nehmen die Wurst an einem Ende in die Hand und tunken sie mit dem anderen Ende in den Senf. Dieses Ende stecken Sie in den Mund und »zuzeln« die Füllung mit Zähnen und Lippen aus, bis nur die Haut übrig bleibt.

Zur Weißwurst isst der Kenner ausschließlich den speziellen süßen Weißwurstsenf.

❖ Die moderne, weniger deftige Variante: Sie schneiden die Weißwurst längs ein, rollen die beiden Wursthälften jeweils vorsichtig zur Seite aus der Haut heraus und essen sie mit süßem Senf. Der Nachteil dieser Methode ist, dass die Weißwürste auf diese Weise auskühlen und einen Teil ihres Aromas verlieren.

Quiz: Gutes Benehmen für Gäste

Die folgenden Fragen geben Ihnen einen Überblick über Ihre Fertigkeit, die »angesagtesten« Spezialitäten korrekt zu verspeisen. Die jeweils angegebenen Seitenzahlen verraten Ihnen die Auflösung.

	Ja	Nein
❖ Wissen Sie, was Sie mit den Fingern essen? (→ Seite 93)	❐	❐
❖ Dürfen Sie aus einer Suppentasse den Rest austrinken? (→ Seite 124)	❐	❐
❖ Wissen Sie, wie man Hummer richtig verzehrt und welches Besteck man dazu verwendet? (→ Seite 112)	❐	❐
❖ Haben Sie schon einmal einen Fisch filetiert? (→ Seite 108)	❐	❐
❖ Wissen Sie, wie man Kartoffeln richtig isst? (→ Seite 114)	❐	❐
❖ Dürfen Sie Salat schneiden? (→ Seite 121)	❐	❐
❖ Dürfen Sie Pasteten mit dem Messer schneiden? (→ Seite 119)	❐	❐
❖ Gibt es ein besonderes Besteck für Weinbergschnecken? (→ Seite 121)	❐	❐

	Ja	Nein
❖ Können Sie richtig mit Stäbchen essen? (→ Seite 124)	❐	❐
❖ Wissen Sie, wie man mit Geflügel richtig umgeht? (→ Seite 109 ff.)	❐	❐
❖ Die Sauce welcher Spezialität dürfen Sie mit Brot aufstippen? (→ Seite 121)	❐	❐
❖ Wissen Sie, dass Austern im Meerwasser schwimmen müssen, um als frisch zu gelten? (→ Seite 106)	❐	❐
❖ Können Sie eine Artischocke samt Herz stilgerecht essen? (→ Seite 105)	❐	❐
❖ Kommt das Besteck zum Amuse-Gueule erst zusammen mit dem Begrüßungshappen? (→ Seite 104)	❐	❐
❖ Wissen Sie, warum der Kenner eine Weißwurst auszuzelt ? (→ Seite 125)	❐	❐
❖ Wissen Sie, warum gekochte Muscheln offen – Austern aber geschlossen sein müssen? (→ Seite 119)	❐	❐
❖ Kann man Mousse au chocolat und besonders weiche Cremes auch mit der Dessertgabel verspeisen? (→ Seite 107)	❐	❐

Auf Reisen

Nicht alle, aber ein Teil der deutschen Urlauber beachtet die Sitten und Gebräuche seines Urlaubslandes etwa so wie zu Hause das eingeschränkte Halteverbot. Entsprechend beliebt sind sie auch in den Ferienländern, und ein bekannter italienischer Reiseführer warnt bei einigen Hotels und Gegenden vor allem Spaniens mit dem Hinweis »Achtung Deutsche« vor Lärm und rohen Sitten.

Gute Vorbereitung

Für jedes Urlaubsland sind kompetente Reiseführer erhältlich, aus denen Sie vor Reiseantritt die jeweiligen Besonderheiten des Landes entnehmen können. Diese Informationen sind von Vorteil, um den Urlaub zu einem vollen Erfolg zu machen. Sie helfen Ihnen, sich schon zu Hause auf die Menschen, das Land und sein Klima einzustellen. Sie fallen dann sicher nicht unangenehm auf und haben die besten Voraussetzungen, um in entspannter Atmosphäre die Gastfreundschaft der Menschen erleben zu können. Bitte beachten Sie vor allem die verständlichen Wünsche der Länder, in denen Religion noch ein lebendiger Teil des Alltags ist:

- Prozessionen nicht stören! Kleiden Sie sich respektvoll, und halten Sie sich mit Kommentaren zurück.
- Trauerzüge sind keine Karnevalsumzüge, die pietätlos begafft werden dürfen.
- Es dient Ihrer Sicherheit, wenn Sie sich über die Details der fremden Straßenverkehrsordnung informieren, wenn Sie mit dem Auto unterwegs sind.

Ein sensibles Thema sind andere Religionen. Hier ist Fingerspitzengefühl angebracht.

Ein paar Worte wirken Wunder

Schon ein kleiner Wortschatz erzeugt ein freundliches Klima: Ein freundliches Grüßen in der Landessprache, die Namen von Lebensmitteln und Gerichten kennen – in der Regel werden die Gastgeber Ihre Bemühungen mit echter Freundlichkeit honorieren.

❖ Es ist nicht selbstverständlich, dass Sie im Urlaubsland auf Menschen treffen, die Deutsch sprechen. Darauf sollten Sie sich einstellen, wenn Sie nicht mit einem der großen deutschen Touristikunternehmen unterwegs sind.

❖ Vertrauen Sie andererseits nicht darauf, dass Sie ja ohnehin niemand verstehen kann, wenn Sie das Land und/oder die Bewohner lautstark beleidigen. Vor allem in der Türkei verstehen viele Menschen alles, was in deutscher Sprache gesagt wird – da sie oft Jahrzehnte bei uns gelebt und gearbeitet haben.

Die Städte und Länder der Erde kann man »abklappern« oder sie mit allen Sinnen erleben und kennen lernen.

Das Gastland achten

Es gilt, die Eigenheiten des Gastlandes zu achten, ohne dass Sie sich aktiv am Leben der Bewohner beteiligen müssen. Wichtig ist vor allem, das sittliche Gefühl der Bevölkerung am Urlaubsort nicht zu verletzen und stattdessen echtes Verständnis und Sympathie oder zumindest Toleranz für die andere Kultur zu entwickeln. Wenn man kein Interesse am Land hat – warum fährt man dorthin in Urlaub?

Kirchen sind keine Museen, sondern Stätten der Andacht. Stören Sie niemals einen Gottesdienst.

Keine Integration in die Bevölkerung

Wahren Sie also »gesunde« Distanz zur Intimsphäre der Bevölkerung im Land – genauso wie Sie es hier im eigenen Land normalerweise auch tun.

❖ Wenn Sie eingeladen werden, dann benehmen Sie sich gut und seien Sie besonders freundlich. Zeigen Sie Ihren Gastgebern, dass Sie verstanden haben, dass dies eine besondere Ehrung für Sie ganz persönlich ist und kein obligatorischer Touristenservice.

Symbolik der Kleidung

Sie werden feststellen, dass man im Ausland meist mehr Wert auf angemessene Kleidung legt.

❖ Touristen – auch männliche – erregen Ärgernis, wenn sie in Kirchen mit kurzen Shorts auftreten.

❖ In Restaurants, Cafés und Bars sind Sie in gepflegter Straßenkleidung ein gern gesehener Gast.

❖ Nackt baden ist in den südlichen Urlaubsländern offiziell verboten – und Sie sollten sich daran halten. Wollen Sie unbedingt hüllenlos die Sonne genießen, dann suchen Sie sich eine weit abgelegene Bucht.

❖ Achten Sie beim Betreten von heiligen Stätten darauf, dass weder Sie noch Ihre Begleitung durchsichtige Oberteile tragen (Netzhemden, Chiffonblusen) und dass Schultern und Oberarme bedeckt sind. Tragen Sie am besten ein langärmliges Hemd mit Jacke und Hosen mit langen Beinen.

Sehr gefragt im Ausland: Höflichkeit

Der höfliche Umgang miteinander und vor allem aufrichtiger Respekt vor älteren Menschen sind im Ausland noch wesentlich weiter verbreitet als bei uns.

Vor allem im Süden sprechen die Menschen viel lebhafter und eindringlicher miteinander als bei uns.

❖ Die zufällige Berührung eines fremden Menschen gilt als grobe Beleidigung und wird oft nicht einfach hingenommen. Bitten Sie freundlich um Entschuldigung, wenn es doch einmal passiert ist – am besten in der Landessprache. Lernen Sie die Vokabeln für »Verzeihung« und »Entschuldigung«. Sie werden erleben, dass die Menschen im Ausland sich viel öfter entschuldigen als wir uns in unseren Großstädten.

Schubsen Sie nicht, und drängeln Sie sich auch nicht vor, wenn Sie Ärger vermeiden wollen.

❖ In engen Stellen auf den Entgegenkommenden achten. Drängeln Sie sich nicht vorbei! Kommen Sie als Erster in die Engstelle und jemand lässt Sie passieren, dann sagen Sie freundlich »Danke«.

Aufs Eigentum aufpassen

Es soll Urlauber geben, die schon in Europa jedes Jahr ausgeraubt werden, während andere unbehelligt um die halbe Welt reisen. Unsere Tipps können zwar Ihre Sicherheit nicht garantieren, aber sie haben sich im Allgemeinen gut bewährt, wenn Sie umsichtig sind:

❖ Lassen Sie das Eigentum, das Sie bei sich tragen, nicht aus den Augen – vor allem im Gedränge.

❖ Tragen Sie Foto- oder Videoausrüstung so, dass man sie Ihnen nicht im Vorbeigehen oder -fahren mit einem Griff entreißen kann. Bewährt: den Kopf und einen Arm durch den Haltegurt stecken.

❖ Frauen sollten keine Handtasche tragen, sondern Wertgegenstände und Geld direkt am Körper führen.

❖ Geld ist am sichersten in einem speziellen »Geldgürtel« aufgehoben.

Die Rate der Kleinkriminalität ist in den ärmeren Regionen der Welt höher als bei uns.

❖ Lassen Sie sich nicht ablenken, wenn Sie mit Geld hantieren. Konzentrieren Sie sich darauf, das Geld wieder unter Verschluss zu bringen. Gehen Sie zu diesem Zweck auch nie in schlecht einsehbare Ecken. Bleiben Sie nicht mitten im Strom der Menschen stehen – denn dort sind Sie gezielten Rempeleien ausgesetzt, die als Vorbereitung für den Raub Ihres Geldes dienen.

❖ Gepäck stellen Sie am besten direkt vor Ihren Füßen auf den Boden und haben ein Auge darauf.

❖ Lassen Sie sich auf keine körperlichen Auseinandersetzungen mit Kriminellen ein. Die Menschen sind oft wesentlich verzweifelter und aggressiver als bei uns in Mitteleuropa. Wenn Sie Widerstand leisten und kämpfen wollen, könnten Sie in echte Lebensgefahr geraten.

❖ Das Auto immer sichtbar ausräumen: Handschuhfach und Gepäckraum offen, leerer Fahrzeugraum. Diese Vorsichtsmaßnahme hilft allerdings leider nicht immer.

Korrektes Verhalten im Hotel

Sie sparen viel Geld, wenn Sie Hotelzimmer frühzeitig stornieren.

Auch die Kleinteile der Einrichtung wie Handtücher, Trinkgläser, Aschenbecher usw. sind kein Souvenir.

❖ Merken Sie, dass Sie später als 18.00 Uhr ankommen werden, dann geben Sie so früh wie möglich im Hotel Bescheid, um Unstimmigkeiten zu verhindern.

❖ In ein Zimmer, aus dem Ihre Vorgänger erst am selben Tag ausgezogen sind, können Sie in aller Regel nicht vor 14.00 Uhr einziehen.

❖ Auch wenn Sie sich über irgendetwas so ärgern, dass Sie sich beschweren wollen, sollten diese Klagen so vorgebracht werden, dass sie anderen Hotelgästen nicht zu Ohren kommen.

❖ Gehen Sie mit der Bettwäsche so um, dass Sie nach der Wäsche wieder verwendet werden kann.

❖ Am späten Abend auf dem Flur und in den Zimmern leise sein, sonst nerven Sie die anderen Gäste.

❖ Verhalten Sie sich gegenüber dem gesamten Personal höflich und rücksichtsvoll. Sie haben im Hotel ein Zimmer gemietet – und nicht die Bediensteten.

Machen Sie sich den Hotelaufenthalt so angenehm wie möglich, und zeigen Sie Ihr bestes Benehmen.

Hotelhierarchie von A bis Z

❖ Chef der Haustechnik: technische Probleme (Beschwerden über die Rezeption).

❖ Empfangschef/in (Chef de réception): Gästeempfang, Reservierungen.

❖ F&B Manager (food and beverage): Einkaufschef für die Lebensmittel und fast alle anderen Verbrauchsgüter des Hotels.

Wer im Hotel den richtigen Ansprechpartner kennt, kann sein Anliegen leichter vorbringen.

❖ Frau Concierge/Herr Portier: zentrale Figuren im Eingangsbereich. Zuständig für Hotelboys und Hausdiener, Besorgungen, Auskünfte, Nachrichten.

❖ Hausdame: Leiterin der gesamten Hauswirtschaft, Chefin der Zimmermädchen; in erster Linie verantwortlich für Sauberkeit von Zimmer und Bad.

❖ Hotelmanager: Er trägt die Gesamtverantwortung fürs Hotel und ist nur bei den elementaren Beschwerden zuständig.

❖ Küchenchef (Chef de cuisine): Leiter der Küchenbrigade; trägt die eigentliche Verantwortung fürs gesamte Essen (Menüzusammenstellung, Qualität). In großen Hotels hat er einen eigenen Stellvertreter, den Sous-Chef de cuisine. Halten Sie sich bei Beschwerden am besten an diese kleine Hierarchie.

❖ Oberkellner/in (Chef de rang): Leiter des Service im Restaurant.

❖ Sportchef/in: Ihm/Ihr untersteht der Fitnessbereich (Sauna, Schwimmbad); in Ferienhotels zuständig fürs sportliche Angebot (Tagesaktivitäten etc.).

Kniffelig: Trinkgeld

Trinkgeld sollten Sie nicht als Almosen oder als Zumutung verstehen, sondern als Anerkennung für gute Leistungen des Personals.

Trinkgeld ist ein Posten, den man am besten gleich in die Reisekasse mit einkalkuliert ...

❖ In Japan, China, Neuseeland, Australien und einem Teil der Westindischen Inseln kann Trinkgeld als Beleidigung aufgefasst werden.

❖ In allen Ländern östlich der Bundesrepublik Deutschland waren bis zum Zusammenbruch der Staatssysteme keine Trinkgelder üblich. Das hat sich in der Zwischenzeit geändert, und man gibt dort Trinkgelder von etwa 5 Prozent des Rechnungsbetrags. Dies gilt für die Länder Russland, Ukraine, Weißrussland, Slowenien, Ungarn und im Baltikum.

❖ Probleme gibt es dort, wo man nicht genau weiß, was in einem Restaurant für die Bedienung bereits im Preis einkalkuliert ist. Viele Staaten, die diese Unsicherheit aus der Welt schaffen wollten, haben inzwischen vorgeschrieben, dass der für die Bedienung einkalkulierte prozentuale Anteil, der durchaus in jedem Lokal anders sein darf, in der Speisekarte aufgeführt sein muss. In den anderen Dienstleistungs-Bereichen kann man davon ausgehen, dass Bedienstete angestellt sind. Im Normalfall sollte man die Beträge mit fünf bis zehn Prozent Trinkgeld ergänzen.

❖ Kein Trinkgeld wird im Flugzeug gegeben, denn dies würde die Crew als beleidigendes Almosen betrachten. Bei Leistungen, die im Flugzeug zu bezahlen sind, wie zum Beispiel ein zusätzliches Getränk, wird die Stewardess oder der Steward das freundlich offerierte Trinkgeld jedoch annehmen.

Checkliste: Auf Reisen

Vor der Abreise

- ❖ Sind Ihre Papiere gültig: Pass oder Ausweis, Impfausweis, Visum, Krankenscheine?
- ❖ Haben Sie alle Unterlagen: Buchungsbelege, Flugtickets, wichtige Adressen, Reiseschecks?
- ❖ Haben Sie sich über die beste Reisezeit und die Sitten und Gebräuche informiert?
- ❖ Haben Sie einen kleinen Wortschatz des jeweiligen Urlaubslandes parat?

Im Reiseland

- ❖ Haben Sie Ihre Wertsachen im Safe deponiert?
- ❖ Kennen Sie die wichtigsten Regeln fürs Trinkgeld?
- ❖ Kennen Sie die Moralvorstellungen Ihres Reiselandes?
- ❖ Denken Sie daran, Ihr Auto immer selbst »auszuräumen«?
- ❖ Wissen Sie, wie und bei wem man sich am besten im Hotel beschwert?
- ❖ Denken Sie daran, sich Fremden gegenüber höflich zu verhalten: nicht drängeln, nicht schubsen usw.?

Haftungsausschluss Die Inhalte dieses Buches sind sorgfältig recherchiert und erarbeitet worden. Dennoch kann weder der Autor noch der Verlag für die Angaben in diesem Buch eine Haftung übernehmen.

Redaktion: agentur Z
Illustrationen: Beate Brömse, München
Projektleitung: Friederike Lutz
Bildredaktion: Susanne Allende
Umschlag: Zero Werbeagentur, München
Innenlayout und Satz: KL-Grafik, München
Reproduktion: kaltnermedia GmbH, Bobingen
Druck und Bindung: Offizin Andersen Nexö – ein Betrieb der INTERDRUCK Graphischer Großbetrieb GmbH, Leipzig

Alle Fotos MEV Verlag GmbH, Augsburg und Projekt Photos Digital Bildagentur GmbH & Co. KG, Augsburg,
mit Ausnahme von: Helga Florian: 119; gettyone/Stone GmbH, München: 87 (Swintek); Image Bank Bildagentur GmbH, München: 99 (de Lossy), 137 (de Lossy); Dominik Parzinger: 49, 56, 68; StockFood, München: 114 (Maximilian Stock), 120 (Blake).

Gedruckt auf chlorfrei gebleichtem Papier – Printed in Germany

ISBN 3-426-66438-0

Stichwortverzeichnis